シードブック

改訂 子どもの教育原理

SEED

北野幸子 編著

岡花祈一郎・小川　史・竹石聖子・武内裕明・田中卓也
松浦浩樹・松浦真理・椋木香子・矢藤誠慈郎・山口悦司　共著

建帛社
KENPAKUSHA

はしがき

　次世代の育成にかかわる教育専門職は，やりがいのある，素晴らしい仕事です。一人ひとりの子どものそれぞれの育ちと学びの過程に，ある時期かかわることができます。その育ちや学びを目の当たりにし，ともに喜び，ともに乗り越える経験はかけがえのないものであるといえるでしょう。

　教育現場では，一人ひとりの子どもそれぞれが違うからこそ，子どもの教育には限りない創意工夫が必要です。それゆえに，教師自身も日々，気づき，学び，葛藤し，喜び，乗り越え，さらに成長することができます。

　教育の成功に教師の寄与する部分が大きいこと，つまり教師の重要性が指摘され，省察的な経験を積み重ね学び続ける熟練した教師の果たす役割と，その重要性が昨今広く認識されつつあります。また，質の高い教員養成教育を受け，教えながら学ぶこととは何かを実践的に学び，現場と学問をつなげて実践を高めていく基礎を培うことが，後の教師生活によい影響をもたらすことも，近年の研究で明らかになりつつあります。

　子どもと接する教育専門職には，児童の最善の利益を確保するために，広く深い学びと経験に裏づけられた，目の前の子どもたちを理解する力が必要です。そして，科学的根拠に基づく教育実践を計画し，実践する力量が望まれます。さらには実践をやりっぱなしにするのではなく，振り返って評価し，それに基づきさらに実践していく力がますます必要となるといえるでしょう。また，専門職としての自らの各種判断の根拠を対話的に説明する力を培うことも一層求められてくるでしょう。

　教育者にはライブで展開する教育実践の中で，常に判断を求められます。その判断は，きわめて専門性が高く，責任が重いものです。子どもの教育実践には，教育の原理を学び，倫理観を高くもち，それらを自らの判断の基盤とする必要があります。

本書を通じて，人が人を教育するということはいったいどういうことなのか，そもそも人が人を教育することの限界や難しさとは何かを，ぜひ考えてほしいと願っています。人が人を教育することが，たとえ困難であるとしても，今まさに目の前に子どもが存在し，それゆえに，その子どもたちに文化や科学を継承し，社会で生きる力を伝えともに成長すること，つまり教育がいかに大切かを考えてほしいと思います。教育の必要性と可能性を考えながら，葛藤を感じながら，教育の原理を学ぶことが望まれると考えます。先人が教育をどのように考え，思い悩みながら営んできたのか，を学ぶことが，教師が子どもの教育を実践する上での支えとなるに違いありません。

本書では，子どもの教育に携わる専門職に必要な子どもの教育の原理の基礎を概説します。本書を通じて，多くの教師・保育者や将来教師・保育者となる方々が，教育とは何かを深く考え，自らの専門性を考え，その実践の礎や支えとなる子どもの教育の基礎理論を培う材料となることを期待します。

最後になりましたが，本書の出版にあたり建帛社編集部の宮﨑潤氏に大変お世話になりました。心より感謝申し上げます。

2011 年 2 月

編者　北野幸子

改訂にあたって

本書は 2011 年の初版発行以来，増刷を重ねてきましたが，2017 年 3 月告示の教育要領や保育指針，2019 年度より実施される新しい保育士養成課程，教職課程に伴い，内容を一部見直すこととしました。同時にその他制度・政策についての加筆や，各種統計データの更新等を行い，このたび「改訂版」としました。新しい要領と指針同様に，本書が教育・保育を学ぶ学生や保育者の実践のより所となることを期待します。

2018 年 8 月

編者　北野幸子

も く じ

第Ⅰ部　子どもの教育の基礎理論

第1章　教育とは何か―子どもの福祉を考える …………………… 1
1．人間形成と教育 ……………………………………………………… 1
　(1) 教育されること，教育すること，教育しつつ教育されること　1
　(2) 教師―人間形成に関わる仕事　2
2．発達過程と個性を配慮した子どもの教育 ………………………… 4
　(1) 発達適切性とは何か　4
　(2) 子どもの個性とは何か　5
3．乳幼児期の教育の特性 ……………………………………………… 6
4．子どもの福祉としての教育 ………………………………………… 7
　(1) 子どもの福祉とは何か　7
　(2) 子ども家庭福祉を実現するための教育保障　8

第2章　子どもの教育の今日的課題 …………………………………… 10
1．「生きる力」をめぐって …………………………………………… 10
2．基本的信頼関係と基本的生活習慣を捉え直す …………………… 11
　(1) 基本的信頼感の基盤と学び　11
　(2) 基本的信頼関係と相互性　12
　(3) 基本的生活習慣とリズム　13
　(4) 子どもの自尊心・有能感をはぐくむ難しさ　18

第3章　家　庭　教　育 ………………………………………………… 21
1．家庭教育の機能 ……………………………………………………… 21
　(1) 情緒の安定とやすらぎ　22
　(2) 豊かな感性教育　22
　(3) 社会性の育ちの萌芽と自立　23

iv

　　2．家庭教育を支える法制度 ……………………………………………… 24
　　　（1）子育ての第一義的責任（児童の権利に関する条約）　24
　　　（2）教育基本法と幼児教育　25
　　3．家庭教育の現状と課題 …………………………………………………… 26
　　　（1）地域における子育て支援　26
　　　（2）家庭と学校の連携　31

第4章　学　校　教　育 …………………………………………………… 33
　　1．学校教育の機能 …………………………………………………………… 33
　　　（1）学習者個人にとっての教育の意味　33
　　　（2）社会にとっての教育の意味　34
　　　（3）シティズンシップ教育　35
　　2．学校教育の法制度 ………………………………………………………… 37
　　　（1）教育は子どもの権利である　38
　　　（2）教育の目的　38
　　　（3）教育制度の運営　39
　　　（4）幼稚園教育　41
　　3．学校教育の現状と課題 …………………………………………………… 43
　　　（1）保育をめぐる行政改革　43
　　　（2）幼小の連携　45
　　　（3）保育者の専門性の向上　46
　　4．まとめにかえて …………………………………………………………… 47

第5章　社会教育と生涯学習 …………………………………………… 50
　　1．社会教育と生涯学習の概念と機能 ……………………………………… 50
　　　（1）社会教育の概念と機能　50
　　　（2）生涯学習の概念　52
　　2．社会教育と生涯学習の法制度 …………………………………………… 55
　　　（1）教育基本法における社会教育と生涯学習の位置づけ　55
　　　（2）社会教育・生涯学習に関する法制度　56

3．社会教育・生涯学習の現状と課題 ………………………………………… 58

　　　（1）我が国の生涯学習論の特徴と課題　58

　　　（2）生涯学習社会における自己主導的学習能力の育成　59

　　　（3）生涯学習社会の構築に向けて　60

第6章　カリキュラム―教育実践の基礎理論 ……………………………… 63

　　1．カリキュラムとは何か ……………………………………………………… 63

　　　（1）カリキュラムの捉え方　63

　　　（2）仮説としてのカリキュラム　64

　　2．カリキュラムの類型 ………………………………………………………… 65

　　　（1）教科カリキュラム　65

　　　（2）経験カリキュラム　66

　　　（3）統合カリキュラム　66

　　　（4）潜在的カリキュラム　67

　　3．教育の方法―指導法の具体例 ……………………………………………… 69

　　　（1）ドルトン・プラン　69

　　　（2）モリソン・プラン　69

　　　（3）ウィネトカ・プラン　70

　　　（4）イエナ・プラン　71

　　4．カリキュラム開発 …………………………………………………………… 72

　　　（1）カリキュラム開発　72

　　　（2）実践から出発するカリキュラム開発　73

第Ⅱ部　子どもの教育の歴史と現在

第7章　子ども観と教育観の変遷 …………………………………………… 76

　　1．古代・中世の子ども観・教育観 …………………………………………… 76

　　　（1）古代ギリシャ・ローマの子ども観・教育観　76

　　　（2）中世の子ども観・教育観　78

　　2．近代の子どもの発見と教育可能性と権利主体としての子ども ……… 79

　　　（1）近代教育学の成立　79

vi

 （2）独自の存在としての子どもの発見　81

 （3）子どもを尊重した教育思想・教育実践の展開　82

 （4）新教育運動　85

 （5）心理学からの知見　87

第8章　世界の子どもの教育の歴史と現在 ………………………… 92

 1．学校の誕生とその歩み ……………………………………… 92

  （1）特権階級の人のための学校　92

  （2）専門教育や職業教育のための学校　93

  （3）庶民のための学校の普及　95

  （4）アジアにおける学校の発展　96

  （5）「学級」の成立　96

 2．公教育制度としての学校の誕生とその普及 ……………… 98

  （1）旧勢力に取って代わる市民育成のための公教育（フランス）　98

  （2）多様な市民を統合する共通教育としての公教育（アメリカ）　99

  （3）宗派対立を超越するための公立宗派学校による公教育（オランダ）　100

 3．現代の世界の学校 …………………………………………… 102

  （1）世界の教育を知る意味　102

  （2）1つの物差しで全体を見渡す　104

  （3）これからの方向性　106

第9章　日本の子どもの教育の歴史と現在 ………………………… 109

 1．日本の教育の源流 …………………………………………… 109

  （1）古代の教育　109

  （2）中世の教育　110

  （3）近世の教育　111

 2．日本の近代学校制度 ………………………………………… 112

  （1）学制から改正教育令まで　112

  （2）森有礼の改革から教育勅語まで　114

  （3）明治期の教育方法　116

３．大正期の新教育運動と昭和初期の教育 ……………………………… 117

 (1) 大正期における新教育の勃興　117

 (2) 大正期の新しい潮流　118

 (3) 大正期教育の矛盾　119

 (4) 昭和期の教育と戦争　119

４．戦後の復興と教育制度の再構築 ……………………………………… 121

 (1) 戦後の教育体制の確立へ　121

 (2) 教育の革新　122

 (3) 戦後教育の模索　123

第Ⅲ部　子どもの教育のこれから

第10章　幼児期の科学教育 ………………………………………………… 126

１．子どもがもつ高度な知識や思考 …………………………………… 126

 (1) 高度な知識　126

 (2) 高度な思考（その1）　127

 (3) 高度な思考（その2）　129

 (4) 高度ということの意味　133

２．幼児期の科学教育を実りあるものにするための方策 ……………… 134

 (1) 自然や科学を直接的に体験する教育―自然体験・科学遊び　134

 (2) 自然や科学を間接的に体験する教育―科学絵本　136

第11章　子どもの教育とマネジメント ……………………………………… 141

１．教育の経営学―脱学校論・反教育学を乗り越えて ………………… 141

 (1) 教育への批判　141

 (2) 教育経営の対象　143

２．子どもの教育と評価 ………………………………………………… 145

 (1)「評価」への理解―新たな評価観へ　145

 (2) 子どもに対する評価　145

 (3) 教育活動に対する評価　146

３．PDCAサイクルと子どもの教育マネジメントのこれから ………… 148

viii

(1) PDCA サイクル　148

(2) PDCA の基盤としての目標管理　149

(3) 学習する組織へ　149

第12章　子どもと教育専門職 …………………………………………… 152

1．人は人から学ぶ ……………………………………………………… 152

(1) 教育専門職の重要性　152

(2) 教育専門職の「教える」仕事の特徴　152

2．人は人と学ぶ—教育の中の相互作用 ……………………………… 154

(1) 教育の場としての教室—相互作用の宝庫　154

(2) 実践力の向上—相互作用の中で　154

(3) 実践力の向上—教えることから学ぶ　155

(4) 教育現場でのアクション・リサーチのすすめ　157

3．社会にいきる教育専門職 …………………………………………… 158

(1) 子ども・保護者・教師それぞれが主体的に参画する教育へ　158

(2) 教育専門職の重要性をいかに社会に伝えるか　159

(3) 教職のさらなる専門職化を目指して　160

さくいん ……………………………………………………………………… 163

第Ⅰ部 子どもの教育の基礎理論

第1章
教育とは何か──子どもの福祉を考える

1．人間形成と教育

(1) 教育されること，教育すること，教育しつつ教育されること

　私たちは，家庭，学校，地域社会において数々の教育を受けてきた。教育とは，日常のさまざまな場面でみられる，人と人との関わり方の1つである。人は教育により人間として形成されていく。人の育ちのあらゆる場面で教育がみられるが，しかし，この教育は，実は複雑なものである。

　学校で教師が教壇に立ち，教科書に書いてある内容を子どもに説明し，教える場面では，教育される者と教育する者の関係が比較的わかりやすい。また，ここでは，教育は，意図的に行われ，教育のねらいや内容が子どもに明示され，教育される者と教育する者がともに自覚的に教わり，教える。

　一方で，学校の現場では，子ども同士が学び合う姿がみられる。例えば，国語の授業で，同級生の奥の深い読み取りや洞察，感受性の豊かさに感心し，新たな気づきや発見をした経験があるのではないだろうか。図画工作の授業で，自分と同級生の視点や表現方法の違いに気づき，あるいはお互いに教え合ったり，伝え合ったりした経験があるのではないだろうか。

　教師もまた，教育現場のさまざまな場面で，子どもに教えながら自らも多く発見し，学び，成長していく。人は日々，人との関わりの中で，教わったり，教えたり，教えながら学んだり，そうした相互作用を繰り返していく。その中で，人は人とともに育ち，関わりの中で人間形成を図るのである。

2　第Ⅰ部　子どもの教育の基礎理論

　教育とは教育される者にとって，自覚的でない場合もある。熱心に泥ダンゴを作っている子どもは，土の性質や水の性質，混ぜ具合やその割合，結果としての強度を学ぼう，などと自覚しているとは思われない。しかし，白砂，黒砂，水の混ぜ具合により，どうすれば堅いダンゴやツルツルのダンゴを作れるか，ダンゴづくりに関わる知識や技術を学んでいるといえる。

　散歩をよくする保育所や幼稚園の子どもたちは，新緑の芽を喜んで発見し，セミの声に耳を傾け，落ち葉や木の実を拾い，木枯らしに耐える堅い小枝を見て，季節を無自覚に感じ，学ぶ。散歩のコースの看板への興味から文字を自然に覚え，挨拶を交わす人々との会話から語彙を増やす。

　特に乳幼児期は，体験や経験の中で自身のわき上がる好奇心にゆさぶられ，気づいたら多くの知識や技術を身につけている場合が多い。もちろん，「先生教えて」と自覚的に学ぶ場合や，練習して身につける場合もある。

（２）教師—人間形成に関わる仕事

　子どもの教育を仕事とする教師とは，教育しつつ自らも学び成長する存在である。このことを自覚しつつも，教師とは，職業として，人間形成の場面に関わる存在である。人間形成にあたり，どのような人と出会い，どのような人から教えられるのか，その影響は大きく，その責任は大変重い。

　子どもの教育に携わる専門職としての教師の仕事の１つには，文化を伝承し，科学が明らかにしてきた，生きる上で必要な知識と技術を教えることがあげられる。ここでは，教える内容に関わる知識や技術，そしてその知識や技術を他者に教える技術（教材研究法や教授法）を身につけていることが大前提である。しかし，教師に必要な力量は，それにとどまらない。なぜならば，教育の現場では，１人として同じ子どもはおらず，また同じクラス集団はないからである。また，子どもは，認識の主体であり，新たに文化を創造し，科学の発展をもたらし，社会の中で生きる存在である。教師には，子どもに知識と技術を伝え，さらには，子ども自らが主体的にそれをそれぞれの場面で活用する力を培うことが期待される。

知識や技術を教えるにあたっては，目の前の子どもやクラス集団に応じて工夫する必要がある。例えば「この子どもやクラス集団の子どもたちの状態はどうなのか」「どのような知識や技術が必要か」「どのような場面や文脈と関連させて知識と技術を伝えることにより，認識主体でありかつ創造主体としての子どもの活用力を培えるのか」を工夫する必要がある。

　教師に求められることとしては，知識と技術を子どもに教え，また子ども自らが主体的に学んだ内容を実際に活用できるように，教え導くことが挙げられる。さらには子どもが自分自身を成長させることができるように，自己教育につながる基礎を育てることが挙げられる。これに加えて，あるいは同時に，社会性，市民性などを育むことが教師には期待されている。

　知識と技術の習得は，他者を尊重する姿勢や他者と協力することを同時に学びながらなされる。知識と技術の活用は，自らそして他者の人権を損なうものであってはならない。教師には訓育，つまり，豊かな感情や崇高な意思，生活習慣や社会性を育てることが，重要な役割として期待されている。

　あるクラスで冗談半分に，ある子どもが他の子どもの人格を傷つけるような，抽象的なあだ名を言ったとする。そのときに教師が子どもたちと一緒に笑うと，どうなるであろうか。教師のとった行為が，その後そのあだ名がクラスで広まり，いじめへつながってしまうことがある。教師は，中傷や暴力に寛容であってはならない。その態度が子どもたちに悪影響を与える。他方で，教師の多様な意見を受け入れる柔軟さや，失敗を非難しないで励ます姿が，子どもの居心地のよさ，クラスの肯定的な雰囲気につながる。

　教育する行為には，価値の問題が必ず関わる。教師には，子どもにこのように育ってほしい，このような力をつけてほしい，このような心をもってほしいという教育的意図がある。価値には多様性もあり，また，揺れ動くものもある。しかし，子どもに提示する教師は，今現在の自分の力量の範囲であっても，そこで最大限考え，最もよかれと思った教育を自覚的に施すのである。人が人を教育するということは，ある意味僭越なことかもしれない。このように子どもを教育したいという思いや意図と，実際に教育できること

には，大きなギャップがあるかもしれない。教師の意図にかかわらず教育システムが装置と化して，無自覚にも，何かの機能を果たしてしまっているかもしれない。しかし，学校があり，子どもがいる。そして，教育こそが人を人として形成する。教師とは，子どもの人間形成に関わり，自らも子どもとともに成長し自己実現を図ることができる，厳しく困難があるが，それ以上に喜びや達成感のある，やりがいがある仕事であるといえよう。

2．発達過程と個性を配慮した子どもの教育

（1）発達適切性とは何か

　教師に必要な資質能力について，文部科学省のパンフレットでは，「いつの時代にも求められる資質能力」と「今後特に求められる資質能力」に分け，図示している（図1-1）。

　「いつの時代にも求められる資質能力」には，使命感や愛情，教養などに加えて，教科等に関する専門知識と人間の成長・発達についての深い理解が挙げられている。教える内容を十分理解していることに加えて，教育という行為においては，教える対象である子どもの発達の過程についての理解が重要である。発達に関する知識は「発達知」といわれ，教育における各種決断の指標の1つとなる。よって，目の前の子どもをより広い視野から理解すること。つまり，目の前の子どもの育ちの軌跡を知り，今を見つめ洞察し，子どものこれからの育ちの見通しをもつことが教師には要求される。

　教育の内容に関わる深い知識と，発達に関する理解の両方がなければ，本やビデオ視聴の教育で十分ということになる。その意味で教師の実践を支えるものは，知識や技術をしっかりと身につけていることと，どの時期にその知識や技術を教えるか，どうやって教えるかの選択にあたり指標となる発達についての深い理解であるといえる。

　一人ひとりの子どもに配慮しながら，30人，35人，40人といったクラス集団の子どもを同時に教えることは大変困難なことである。

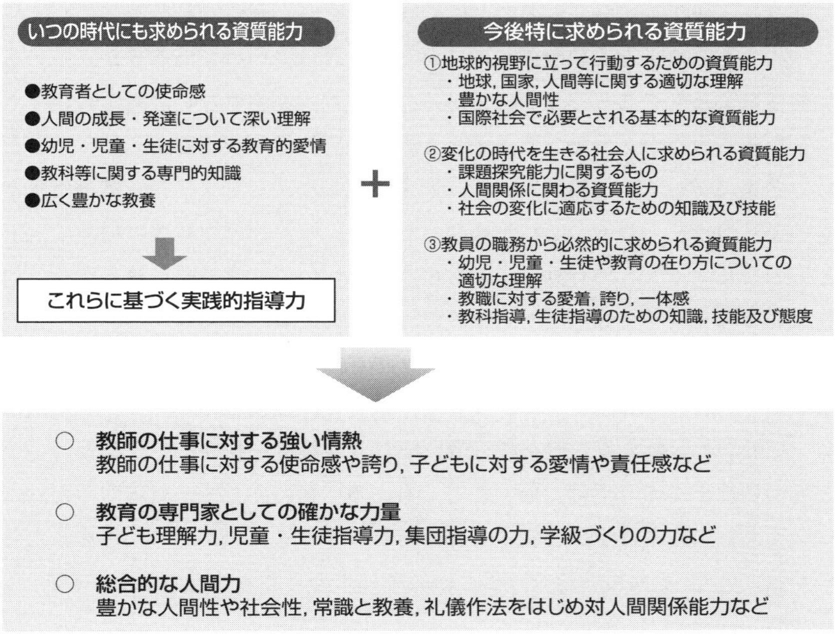

図1-1　教員に求められる資質

(出典　文部科学省：魅力ある教員を求めて，p.3)

　教育実習での授業経験の後，多くの実習生から，「子どもたち全体の姿を見ることができなかった」「集団の中の個を捉えることができなかった」という感想を聞く。教育現場では，決められた内容を，決められた方法で，決められた手順で教えるだけではない。子どもたちの興味・関心，疑問に応じ，ときに励まし，促し，ときに厳しく指導しながら，臨機応変にライブに展開し，子どもとの相互作用の中で授業をつくっていくのである。

(2) 子どもの個性とは何か

　子どもは，一人ひとりが違う存在である。個性とは何であろうか。顔の違いや性格的傾向といった生まれつきあるように思われるものを指す一方で，同時にそれらは顔そのものも年齢とともに変わるように，成長していく過程

で伸ばし，変化していくもので，つくり上げていくものでもある。

　一人ひとりの子どもに配慮するにはどうすればよいのであろうか。子ども
の個性は子どもをじっと見つめているだけでは捉えられない。教師には子ど
もを捉える視点が必要である。子どもの特徴，個性を捉えるためには，子ど
もの発達についての一般的な特徴に関する知識や，これまで接してきた子ど
もの姿についての経験の蓄積が必要となってくる。知識や経験に加えて，子
どもの言葉，子どもの行動，子どもの感情について，意識的に見ること，知
りたいと思う姿勢や心がけが，教師には必要となる。

　これらに加えて，個性は社会の中で，磨かれ，伸び，変化し育つものであ
ることを踏まえる必要がある。つまり，教育は，個性をはぐくむプロセスの
1つであるともいえる。個々の特徴に応じて，教育を行うということは，子
どもの個性をつくり上げていくことでもある。個に応じて，対応するだけで
はなく，個に応じた学びを促すこと，そして子どもたちがその個性をかたち
づくっていく，その援助を行うことが教師に求められることの1つでもある。

3．乳幼児期の教育の特性

　乳幼児期の教育の独自性とその重要性が，今世紀に入って，多くの研究成
果に基づき指摘されている。特に，乳幼児期に非認知的能力をはぐくむこと
が大切であり，非認知的能力がはぐくまれることが，結果として認知的能力
の育ちにつながることが明らかにされている。

　乳幼児期には愛着の形成，自尊感情，自己有能感，意欲，好奇心をはぐく
むことが大切であり，それにより，ものや人への関心を高まり，学びに向か
う姿勢がはぐくまれ，それが基礎となり，さらなる学びにつながるのである。

　乳幼児期にふさわしい経験を保障することは，特にハイリスクであった
り，支援を必要としたりする家庭の子どもたちには，早期から自分の居場所
を保障し，保育専門職との信頼関係を形成し，乳幼児教育を保障することが
大切である。厳しい状況にある子どもこそに，保育専門職の支援が必要であ

る。

　乳幼児期の教育の独自性や重要性から，子育て支援や保護者支援の観点だけでなく，子どもの育ちや学びの権利を保障する観点から，保育専門職によるすべての子どもへの保育の提供が，今日議論されている。フランスでは3歳から義務教育となり，北欧等各国で3年以上の保育が一般的になってきている。

　乳幼児期の発達に適した教育とは，小学校以降の教科教育とは異なり，子どもの興味・関心を起点とした，遊びと生活を中心とする環境を通じた経験主義教育である。プログラムやお教室のようなシナリオを手順通り与える教育ではない。子どもの主体性を尊重し，非認知的能力をはぐくむことが，乳幼児期の教育の独自性であり，その重要性は保育関係者には認識されている。しかし，一方で，保護者や，小学校教諭等の教員，より広い社会には，乳幼児期の教育の独自性と重要性がわかりやすく伝えられているとは言いがたい。知識や技術の習得，テストの点数など認知的能力の育ちは，数値化され見えやすいものでもある。保育者は，園での子どもたちが，自ら考え，選び，行動する，実体験から育ち学ぶ姿を，保護者や社会に可視化し発信することが必要である。

4．子どもの福祉としての教育

（1）子どもの福祉とは何か

　日本の子どもの福祉を考えるにあたり，「児童福祉法」の「第1章　総則」をひもといてみよう。

第1条〔児童福祉の理念〕　全て児童は，児童の権利に関する条約の精神にのっとり，適切に養育されること，その生活を保障されること，愛され，保護されること，その心身の健やかな成長及び発達並びにその自立が図られることその他の福祉を等しく保障される権利を有する。

第2条〔児童育成の責任〕　全て国民は，児童が良好な環境において生まれ，

> かつ，社会のあらゆる分野において，児童の年齢及び発達の程度に応じて，その意見が尊重され，その最善の利益が優先して考慮され，心身ともに健やかに育成されるよう努めなければならない。
> 2　児童の保護者は，児童を心身ともに健やかに育成することについて第一義的責任を負う。
> 3　国及び地方公共団体は，児童の保護者とともに，児童を心身ともに健やかに育成する責任を負う。
> 第3条〔原理の尊重〕　前2条に規定するところは，児童の福祉を保障するための原理であり，この原理は，すべて児童に関する法令の施行にあたつて，常に尊重されなければならない。

　ここで「全て」という言葉と，「育成」という言葉に注目してほしい。つまり，すべての子どもの福祉を日本の国民のすべてが培うことになっている。そして，子どもの福祉を守るために，必要なこととして，「育成」が挙げられている。

　子どもの福祉の原則として，すべての国民が，「心身ともに健やかに」子どもたちが「育成」されるように努めることとし，子どもたちは「生活を保障」され，「愛され，保護されること」が挙げられているのである。

　子どもの福祉の具現化には，家庭などの育ちの環境のあり方が問題となる。子どもを個としてのみ捉えるのではなく，家庭環境や家族との関係性で捉え，そのウェルビーイングを大切にする子ども家庭福祉の観点が必要である。

（2）子ども家庭福祉を実現するための教育保障

　子ども家庭福祉を考える場合，教育はその範疇に含まれるものである。第三国における国際開発援助について，子ども家庭福祉の分野で考えた場合，衣食住の確保，医療，保健，そして教育が行われている。久しく新興国といわれ続けている国もあるが，その発展の鍵は，しばしば，経済政策と教育の2つであるともいわれている。

　先にあげた，児童福祉法において，国民すべてがすべて子どもを「心身ともに健やかに育成されるよう」に努めることとされており，「全て児童」は，

「適切に養育され」「生活を保障され」「愛され」「保護され」る権利を有するが，子どもの「育成」は，教育によってなされる部分も多く，「愛され，保護される」のは教育するにあたり前提となるものでもある。

　子どもの福祉を守る1つの方法として，教育がある。教育により，子どもが自立して生きる力を培うことが目指されているともいえるであろう。先にあげた教師に「いつの時代にも求められる資質能力」には，「愛情」ということが挙げられていた。子どもへの深い愛情のもと，子どもが自立して自ら幸せに生きていく力を育成することが教育の目的であり，その意味で教育は子ども家庭福祉を実現するために必要な要素である。

 推薦図書

レイチェル・カーソン／上遠恵子訳：センス・オブ・ワンダー，新潮社，1996年
　レイチェル・カーソンは，『沈黙の春』の著者で，化学物質による自然破壊の実態を，阻害されつつも世に知らしめたことで有名な海洋学者です。本著は，彼女が，姪の息子である幼いロジャーとともに，メーン州の美しい海岸と豊かな森の自然の中で，動植物とふれ合い，その感触を楽しみ，また探索し，その神秘や不思議さに心揺らし，感動する，感性をつづったエッセイです。自然が私たちに発信する問いや感動，自然が私たちに与える豊かさ，癒し，自然への畏敬の念，そういったことを感じる本です。本著から，子どもの内にある感性を知り，伸ばし，あるいは残すことを考える機会が得られることでしょう。教師になりたいと考えている人に，ぜひ読んでほしい本のひとつです。

2011年版 0歳からの教育　Newsweek日本版，阪急コミュニケーションズ，2010年
　Newsweek取材班による，最新の研究成果をもとに，0歳からの教育についてわかりやすく概説した特集号です。Part1では，生後3年間の教育について，「はじめの一歩」「脳を育てる」「心を育てる」「健やかに育てる」に分けて紹介しています。その内容は，発達，言葉，感覚の特徴，出産と家族に関わる問題，認知能力，知能，環境，赤ちゃんの脳の力，絆を深めるスキンシップ等の関わり方，子どもの個性の育て方，しつけの仕方，社交性や性差，反抗期，汚い言葉の乱発への対応，虐待問題の防止，睡眠，栄養，授乳，安全，健康，メンタルヘルス，医療，発達障害等があります。Part2では，4歳からの子育てについて，「家族のつながり」に注目し，望ましい親子関係，そして子どもの育ちを促す上で役立つ情報を提供しています。

第Ⅰ部　子どもの教育の基礎理論

第2章
子どもの教育の今日的課題

1.「生きる力」をめぐって

　文部科学省は「生きる力」を幼稚園から高等学校までの基本理念（総則）におき，2008（平成20）年1月「幼稚園，小学校，中学校，高等学校及び特別支援学校の学習指導要領等の改善について」の答申を出し（中央教育審議会答申），その中で「生きる力」という理念を共有する必要性を説いている。そこでは「変化の激しい社会を担う子どもたちに必要な力は，基礎・基本を確実に身につけ，いかに社会が変化しようと，自ら学び，自ら考え，主体的に判断し，行動し，よりよく問題を解決する資質や能力，自らを律しつつ，他人とともに協調し，他人を思いやる心や感動する心などの豊かな人間性，たくましく生きるための健康や体力など」をバランスよく身につけることが「生きる力」であるとの理念を提唱している。「生きる力」の初出は，1996（平成8）年の中教審答申「21世紀を展望した我が国の教育の在り方について」であるが，「生きる力」の育成が1998（平成10）年改訂，2008（平成20）年改訂に続いて，2017（平成29）の改訂でも学校教育の基本として掲げられているのは，まさに，変化の激しい現代の生活の中で，今日的課題が深刻化し，子どもにとっての生きる環境・学ぶ環境が軽視されてきていることへの警鐘といえる。特に食生活の改善や睡眠時間の確保といった生活習慣の確立は「生きる力」の基盤である。その第一義的な責任は家庭にありながら，大人自身の生活習慣の乱れも社会問題となる中で，家庭の教育力低下も懸念され

る。近年，食事・睡眠の乱れによる発達へのさまざまな影響が指摘されており，改善の見通しがもてない状況や風潮の中に子どもの生活が置かれている。偏った栄養摂取，食事の軽食化（スナック化），朝食抜きの食生活などで，肥満傾向の子どもの増加，また子どもの睡眠時間の短時間化やリズムの乱れにより，午前中，あるいは昼食後の居眠り，保健室症候群の増加，授業に身が入らないなど子どもの生活上の課題が危惧され，最近では「授業崩壊」の一因として懸念されてきている。幼稚園を含めた学校教育にかかわらず，最近では保育所に対しても，子どもたちの生活や学習の基盤としての生活習慣に関する指導の必要性とその充実が求められるようになっている。

　学校等において，子どもの基本的生活習慣の確立の重要性についての認識が高まるとともに，「早寝早起き朝ごはん」運動や子どもの生活リズムの向上に向けた取り組みが注目された。大学でさえ，食育の観点に立って，「食事」の認識を促進する「朝ごはんプログラム」等の実践を展開する例もあり，「生きる力」の基盤である生活習慣の獲得は，今や乳幼児から大学生までの重要な発達課題と化している。この意味において，「生きる力」とは，文部科学省の示す幼稚園から高等学校までを超越し，保育所から大学までの連続した教育的課題であるともいえよう。以下，食事や睡眠などの基本的生活習慣を軸に，次世代の子どもの育ちを保障しなければならないことを「相互性」と「見通し（予測を準備）」に焦点を絞りつつ解説していく。

2．基本的信頼関係と基本的生活習慣を捉え直す

（1）基本的信頼感の基盤と学び

　教育，特に「育てる―育つ」という連関は，弛みのない積み重ねの結果によってもたらされる営みで，特定の時間に特定の刺激によって顕現した結果のみを示すのではない。その明確なものが「基本的信頼感」である。乳幼児期からの特定の者との深い愛情関係，愛着関係による具体的な関わりを通して，人間に対する基本的信頼感を形成していく。

12 第Ⅰ部 子どもの教育の基礎理論

　人間の子どもは１年早産ともいえる状態で生まれるため，０歳から１歳ま
での間は子宮外胎児期ともいう。多くの場合，この１年間母親にしっかりと
抱かれ無条件で受け入れられ，愛されることによって基本的信頼感がはぐく
まれる。すなわちこの時期に人を信じる力の基盤を身につける。この基盤が
後に自分を信じることにつながり，自信のある人へと育ちを促す。この「基
本的信頼感（basic trust）」はエリクソン（Erikson, E. H.)によって提唱され
たもので，乳児期に最も豊かにその感性が育つといわれている。つまり，人
生の最初の時期―乳児期に，子どもが人格の基盤として身につけなければな
らない発達上の課題は，周囲の人に対して「信頼」の感情をもつことなの
である。人を信じ，人に希望をもつことは「学び（真似び）」の根本である。
　成長するにつれ，母親から父親，きょうだい家族，近隣の人などにその信
頼は拡大し，自立に向う。人間を人として好きでなければ，「真似ぶ」こと
ができず，後の人類の知的財産に学びの心性を向けることが難しくなる。

（２）基本的信頼関係と相互性

　最近の育児の基本概念がこの「基本的信頼感」を尊重し，乳児（誕生から
１年前後）の要求は全部かなえてあげた方がよいと述べるものが多い。しか
しながら現実には100％かなえることは，困難かつ不可能である。乳児のと
きは母子一体的存在でもあるが，別の人格をもった生命体である以上，乳児
の要求がわからない，何を望んでいるのかわからないといったこともある。
ときには乳児の欲求と違う対応をすることもあるはずである。上記のような
育児論は，気持ちや心もちを強調しているのであり，かなえられているかど
うかは別な問題である。乳児の欲求が養育者（主に母親）に正しく理解され
るわけではない危機的な状況は常に生じていて，「基本的信頼」と「不信」
が常に対立している。理想としては「基本的信頼」が十分に育つことが望ま
しいが，実際にはどうしても「不信」も育ってしまう。結果として，「基本
的信頼＞不信」となればよく，それによって，安心・安定が得られる。母親
からミルクをもらったり，一方的に保護される状態にあって，母親との一体

感・相互信頼を体験する時期に，信・不信の経験を繰り返す。乳児なりに不信の経験を信の経験で塗り替え，相互的なやり取りを身につけていく。例えば養育者の微笑みかけに応じて，乳児自身も微笑み返すことが，養育者の快の感情をさらに引き出していく経験をする。育児は，乳児の世話（養育）のみならず，乳児自らが相手を取り込み，自分を調節して，関わりをもつ，その関わりが相手の感情や行動を駆り立てていくものでもあるという相互性を培う基本的な営みでもある。育児不安，子育て不安，養育者の孤立など，乳幼児期をめぐる子育て世代への支援が近年盛んになってきているが，養育者が育児を「作業」化したり，「損な役割」として認識してしまうことを超越して，愛情の対象として子どもの相互性の基盤を築いている立派な教育的「配慮」である実感と喜びをもてるような支援の工夫が求められる。

（3）基本的生活習慣とリズム

　近年において，家庭における食事や睡眠などの基本的生活習慣の乱れと低下する学習意欲や体力・気力の相関関係が指摘されている。その状況には，どのようなことが課題となっているのであろうか。そもそも家庭だけが原因となって教育を低下させてきたのではないだろう。子どもの教育の今日的課題を探るにあたり，まずは社会的な動きに視点を向けたい。

　限りない人間の欲望に働きかける産業界は，消費者である私たちにさまざまな物的サービス，時間的サービスを提供し，消費を煽る。身のまわりの生活には，もはやこれ以上の機能をもった新製品は必要でないかのように便利なものに溢れている。しかしながら，さらに人間の欲望をかなえる機能をもった新たな機械やサービスを探り，商品開発が進んでいる。

　私たちの社会は人の欲求をかなえることに猛進し，私たちはそれを享受している。いつの間にか個人の生活も個人の欲求を満たすことが当然のこととして優先され，自分の欲求を自分の外界が満たしてくれる快適さが重要な価値をもつようになってきているのではないだろうか。この点は教育とは全く逆のベクトルをもつ。

この流れの中で，現在，生活が「楽しい」かどうかへ指標が移行している。生活は淡々とした「必然」であり，文化である。国・地域によって一つ一つ意味をもった行為である。それらは，意味と必然性を明確に意識されつつ行為に至っているわけではない。むしろ行為主体が必然のあまり，無意識に行動していることも多い。生きていくための「必然性」そのものである。しかしながら生活の必然が「楽しさ」「欲望のまま」に，つまり娯楽的指標へと移行する中で，育児・家庭教育もまた「楽しい」ものでなければならないといった指標をもつように至っている。「楽しめない」ことへの憂鬱から，養育者の自己疎外・自己否定へとつながるようにもなっている。このことが育児不安の要因の１つでもある。ここで生活習慣にまつわる今日的課題を見てみることにする。

１）育児書（概念）の転換（乳児主導と子育て不安）と生活のフラット化

　1985（昭和60）年，育児の教科書ともいえる母子手帳副読本の抜本的改訂により，これまでの生活リズムを重視した厳格な育児が，「ほしがるときに，ほしがるだけ，ほしがるまで」といった乳児の欲求を主導にした育児観に転換している。現代の多くの育児書等も，基本的信頼関係を築くためには乳児の欲求をできるだけかなえる方向で記載されているものが多い。養育者は「いかなるときも，ほしがる分だけ，ほしがる分まで」の睡眠・食事（授乳）・排泄・抱っこなどの対応を迫られることになり，時間も意識も困憊し，「母親としての主体」を喪失してしまう。このように育児が「乳児の欲求主体」となるとともに，欲求を「かなえる」意識から，「与える」意識へ転換してしまい，配慮から作業化した育児は，目の前にいる乳児の表現を記号化し，配慮性を欠いた基本的信頼と相互性を培う「信頼と不信」を繰り返す経験が抜け落ちていく。

　「ほしがるときに，ほしがる分だけ，ほしがる分まで」の子育て観のまま，徐々に社会的な時間に合わせた生活リズムに移行するように配慮されずに育ってきた人たちが，今や社会人となって，次世代の親，保育者，教師になりつつある。彼らもまた，生活リズムを度外視した，「いつでも，どこでも，

ほしいまま」に一時的欲求を満たす傾向がある。1日のリズムを見通して，あるいは次の計画のために準備を整える姿勢が希薄になり，生活が「フラット化」してきている。「学校」組織から出て，社会人として就業することが困難をきたし，新任の早期離職率が高いのは，一定のリズムに刻まれた社会生活に適応できていないことも要因とされている。基本的生活習慣の一つ一つには，人が生きていくための意味と必然があり，リズムをもったものであることを教育者を志す者にはより意識されていなければならない。

2）子ども文化の商品化

地域社会での関わりが希薄化し，子どもの文化が子どもの中で伝承されていくのが，もはや保育所や学校でしか実現できない。しかもこれらの保育・教育施設では限界もあるだろう。

一方，メディアの影響で，子どもの遊びや生活が左右されている。ごっこ遊びは代表例で，テレビのキャラクターに関するキャラクターごっこは，幼少期に経験した記憶があるだろう。子ども文化を伝承する意図をもったメディアもあるが，多くの場合，登場人物そのものがキャラクターとしての商品価値をもち，キャラクターの持ち物を含めた周辺の物全てが，完全なる販売企画の中に組み込まれ，大人同様に子どもたちもまた，消費を担う大切なお客と化した。子どもたちの遊びが，「共通のイメージ」を共有できるかどうかに意識が向き，遊び道具を含め，遊びそのものをつくり上げていく中で，互いに「イメージを探り合う」関わり合いが希薄になってきている。

3）成長段階のフラット化

幼保小連携，小中連携，中高連携，高大連携，そしてインターンシップ（事実上大学と企業の連携）により，子どもは大人になるまで「スムーズな」連携プログラムによって，教育を受ける。幼児の「学校体験」などは，幼小連携の代表的プログラムで「小1プロブレム」といわれる「座っていられない」「授業が聞けない」などの問題性を考慮していくことは，保育・幼児教育・小学校教育のあり方が協同的に省察される機会としては有効で，現実としてさまざまな改革案が実践されている。しかし，根本的要因は保育・教育

施設の生活だけにあるのではなく，社会の宝としての子どもの「社会での生活＝つまり生活習慣とリズムと信頼関係」を支援する子育て支援そのものの整備が優先であることがわかる。

　子ども側からすると，常に前倒しに少しずつ新たな環境に慣らされ，できるだけ心的な葛藤をしないで済むようになっている。「もうすぐ小学生」といった，それぞれの成長段階に合わせた子どもなりの覚悟と準備，葛藤（通過儀礼）がもつ意味が再認識される必要があろう。いつの間にか大学生になっていたといった学校教育のフラット化は，子どもが「大人になる」ことへの準備をいかに提供していけるのだろうかを考える必要がある。

4）生活感覚のフラット化

　地域や文化・宗教によって，生活習慣に多少の相違はあったが，かつては，多くの就業者も学習者も，月曜日から土曜日まで勤しみ，日曜日はまさに休日であった。日曜日は月曜日から土曜日までの勤労・勤勉のための休みであるというのが一般的感覚であった。しかし学校教育に先駆けて，厚生労働省により，労働者の「ゆとり」が促進され，今や土曜日などを含めた「週休2日制」が当然の権利となっている。遅ればせながら学校教育も段階的導入期を経て，1996（平成8）年から「完全学校週5日制」を導入し，学習者の「ゆとり」を促進した。いわゆる「ゆとり教育」の大きな柱であった。この「ゆとり」を軸にした生活感覚の変化により，いつしか教育施設内においても「週休2日制」の意識が優勢となり，勤労・勤勉の5日間と休日2日間が，同等の価値をもつようになってきている。重要なのは，文部科学省の「ゆとり教育」関連の答申等全てにおいて一貫して「完全学校週5日制」と表記され「週休2日制」は全く文字化されていないにもかかわらず，保育者，教師，保護者も含めた一般的認識は，学校施設に対しても「週休2日制」となっている。この意識の変化は現代の教育を考える上で見逃してはならない大きな問題をはらんでいると考えられる。つまり家庭（単身者のプライベートも含む）における休日は，生活を楽しむための娯楽時間としてイベント化し，衣食住の生活を維持するための賃金労働時間や将来に備える学習時間の

週日と同等の価値意識が芽生えてきてしまっている。

　このような生活感覚のフラット化の具体的な変化が，日常生活にも現れており，前述した基本的生活習慣とリズムの乱れは顕著である。大人世代（保護者世代）の生活そのものが，夜型の生活へと移行し，生活習慣とそのリズムの乱れに対して無意識的になってきている。退勤後，自宅で夜遅くまでメディアに触れて娯楽を楽しむ，あるいは SNS やゲーム（e-sports）で時間を費やす大人も多い。これらに付き合わされる子どもも多く，教育現場では「月曜日の子どもが落ち着かない」「午前中眠そうな子どもが増えた」といわれ，今後一層，家庭と保育現場の連携と子育て連携を推進する必要のあるところである。

　生活感覚のフラット化に伴い，睡眠に対する意識も希薄化したが，乳幼児期にはその時期に必要な連続した睡眠が十分に保障されることが生命活動にとって重要な役割を担っている。深い眠りのときに，脳下垂体から成長ホルモンが分泌され，身体の成長を促進する。「寝る子は育つ」といわれるのはそのためで，これは身体レベルの言説にとどまらない。睡眠は脳の活動にとって重要で，レム睡眠期では，ノンレム睡眠期に比べると，脳の活性が高く，エネルギー消費量も増加する。これは，レム睡眠中に，記憶の統合，整理が行われるためである。睡眠は単なる休息ではなく，昼の活動によって損傷した各機能を修復し，翌日に備えるとともに，昼の脳の活動の結果を知識，記憶として整理統合するという極めて重要な働きをしているのである[*]。つまり昼間の「情報」は獲得されただけでは有用に活用できないので，使える状態に整え直す必要がある。獲得された「情報」は，意味づけをして自分のマトリックスに落とし込まないと「知識」にはならない。学びには正しい生活リズムが必要なのだ，ということをもう一度捉え直しておく必要がある。

　食事においては，孤食化・欠食化・個食化・固食化の4傾向は周知のことであろう。その頭文字をとって「ニワトリ症候群」ともいわれ，一人で食べ

---

[*]　睡眠と脳の情報統合機能の関連については，脳科学がさまざまに論を展開している。

18　第Ⅰ部　子どもの教育の基礎理論

る（孤），一食（主に朝ご飯）を抜く，個別のものを食べる，好きなものだけ（決まった食品群に固定して）食べる傾向に危惧を発しての表現であろう。

　衣服の着脱も，自らが置かれている環境に自らが身を整えたり，衛生を保つのではなく，気温や衛生は常に外的に調節され，自分の身を自分で管理する必然が低下した。排泄も，至る所にきれいに管理された場に配備され，生理現象はいついかなるときも，満たされる便利な場所と時間が保障されている現代的生活である。あいさつも家や学校から一歩外に出ると，言葉を交わしたり，頭を下げる必要はほとんどなく，またこの頃は，校長や教師の方から，子どもにあいさつするのが普通で，子ども側からすると，あいさつしてくれるからする，あいさつしてくれない先生にはしなくていいとの感覚をもつ。このように常に育ちのプロセスにおいて，子どもの外的環境そのものの統制管理と働きかけによって，無自覚的に生活習慣が保たれており，人が人として生きていくための必然性を失ってしまっている。必然性の喪失に伴って危惧するのは，好きなときにいつでも，即自的に，その場，そのときの欲求を尊重する傾向が，育てる者の側に強く働いてしまい，「配慮性」が欠如することと，生活のリズム感を失うことである。「食べたい物を食べたい分だけ食べたいときに食べたい所で食べる」ことは，「自分の身を自分で管理する，守る」「見通しをつける」「準備する」ことへの意識の低下を招く。「自分の身を自分で管理する，守る」自立概念だけが大人の都合に合わせた子どもの発達課題として優先され促されることになる。これらの課題が「できる―できない」ではなく，自らの生活に見通しをもち，前もって準備する必要を自ら感じ，自然に（無意識的にでも）行えるようになることが自立である。安定したリズムをもって自立的になされることが子どもの情緒を安定させ，自信と生きる力につながる。

（4）子どもの自尊心・有能感をはぐくむ難しさ

　自分の生活を自分で行えるようになると，それに付随して意欲が高まり，経験の幅も広がる。また，成功体験や実体験を重ね自信を得ていく。このよ

うな体験に基づいて形成されるのが，自己肯定感であり，自尊心や他人より優れているという有能感である。しかし，普通の場合，そうした自尊心や有能感は，経験や実体験と無関係に形成される仮想的有能感とは区別したい。換言すると優越感や他者蔑視とは全く違い，具体的な経験を通じて人とかかわり，その中で子ども自身が他者に褒められたり，喜ばれたり，一方で具体的根拠を示され納得する中で，自分の存在感を確かめていくことなのである。

　我々大人も含めて，人間は自分の存在を人を通じてしか認識できない。人との関わりがあってこそ，自分の存在が見えてくる。人との葛藤を経ながらも，他者との応答，対話によって，自分の感情を自分で自覚する。他者からの奨励や喜び，感謝によって，自分のもつ力を信じ，有能感をもつ。

　しかしながら現代においては，実体験，直接的な対話が希薄になり，幼児期早期から，メディア（特にバーチャルリアリティー）に接することも多い。人間一人の手作業ではできない複雑なことや，パワーを要することが一人でもいとも簡単にできる。それは自分の操作の巧さによるものでなく，機械の性能のよさに起因するのだが，それを多くの場合は自分の力であるかのように誤解させてしまうことがまさにバーチャルなのであり，優越感の種となっている。またマスメディアの発達により，現在，我々はテレビやインターネットを通して，瞬時にして世界の動きを知ることができる。「知っている」ことが有能さに結びつき，当事者性をもって，物事を捉える人間的な感情は捨象される。相手と関わることで，あるいは自分との関わりにおいて知ろうとする意識を失わせている。情報以外のことでその人を多面的に見ることができなくなっている。

　情報にどのように関わり，どの程度自分の生活に取り入れ，何をどのように役立てるのかといった情報・メディアリテラシーの育成は，幼児期から青年期までの教育の新たな課題として，重視されてきている。

　こうした点に注意しながら，子どもたちに達成感や自己効力感をもたせるような環境を設定することが必要と考えられる。家族だけでなく，学校でも

社会でも，皆で対話しつつ喜び，悲しむという共感体験を基本にした，協同的経験を重ねる中で，規範意識が芽生え，社会性を身につけていく過程を支えることができるような教育が必要であるように思われる。

■参考文献
・ＥＨエリクソン：幼児期と社会，みすず書房，1977
・品川知美：＜子育て法＞革命，中央公論新社，2004

 推薦図書

鯨岡峻：＜育てられる者＞から＜育てる者＞へ ―関係発達の視点から，日本放送出版協会，2002 年

　教育は「共育」として，共に育つ視野が重要です。つまり大人である教師や保護者（親）も育てる主体として自己を変容させ，育てています。これを「主体変容」といい，教育原理の大切なキーコンセプトです。その「主体変容」を関係発達の視点から学ぶことができる著作がこの書物なのです。「育てる者になることの困難さを抱えながらも，その立場になったとき，育てられてきたことに気づき，育ててくれた人たちの思いに気づくことができる。そのようにして，育てる者として熟していくのです」（p.105，一部要約）。教育の場において，自分が守られ育てられた実感を伴ってこそ，守り育てる者へと自らを育て直し，そのことが次世代の育てる者をまた育てているのだという人間の生の意味を考えさせてくれる著作です。

本田和子：子どもが忌避される時代―なぜ子どもは生まれにくくなったのか，新曜社，2007 年

　江戸末期から明治初期にかけて，日本を訪れた外国人は，日本人の「子どもに対する優しさ」に一様に注目していました。ところが現在は？

　著者は，子どもがリスクと考えられるようになった心性の変化を家族空間，親子関係，都市空間，メディア，犯罪などに生じた微細な「子ども感」の変化の中に探り，根本的対策を提案します。「産まれにくい」「育てにくい」現状の出現に関して，多面的に，深く丁寧に解説をしています。現代の子どもの教育の今日的課題の根本が見えてくるでしょう。

第Ⅰ部 子どもの教育の基礎理論

第3章
家庭教育

1. 家庭教育の機能

　学校といわれる意図的・組織的な教育機関が設立される以前,子どもを一人前に育てるための教育は,家庭と地域共同体においてなされていたといわれる。子どもは家庭生活を通じて親や周囲の大人から社会の習慣や行動様式,生活から生み出された知恵などを身につけていた。また親や労働作業の手伝いをしながら,将来の生業に必要な知識・技術を習得していった。

　わが国では明治中頃の産業革命以降,子どもたちに読み書きや算数を中心とした初歩的知識が必要とされるようになり,小学校が各地で設立されるようになり,しだいに学校教育制度が確立していった。やがて国民教育制度が成立し,学校が普及していくと,知的教育だけにとどまらず職業教育,生活指導なども学校教育の中に導入されるようになり,家庭教育の本来の領域がしだいに学校教育に移されるようになった。

　家庭教育はまず,家庭生活をとおして無意図的に行われるものである。家庭はあくまで大人と子どもの生活の場であり,教育は生活の背後に隠れている。このことから学校教育のような意図的・組織的教育とは異なるものである。次に家庭教育において,教育者は親や彼等に関わる保護者であり,学校の教師とは異なる愛情や期待をもって,子どもらに何かしらの影響を与える存在である。すなわち家庭での親・子の関係は,家庭生活を通して長期間かつ恒常的に継続されるものであり,その教育の影響の度合いについても子ど

もらが成人してから後も深く浸透し続けることになるのである。

　かつて社会学者パーソンズ（Parsons,T.）は，子どもの社会化，大人のパーソナリティの安定こそが，家族の基本的機能であると述べている。家庭は大人にとっては生活力を再生産する場であり，子どもにとっては社会に出る前にそこで生活し，社会人になっていく大切な場である。家庭が重要な基盤となり，人間を再生産するのであるから，家庭は人間社会の存続・発展に深く関わるものなのである。

（1）情緒の安定とやすらぎ

　子どもは家庭で生まれ，親からときにはやさしく，ときには厳しく教育を受けながら育つことになる。子どもはやがて成長し，社会に出ていくことになると，自分が家族をつくり，自らの子どもを育て，社会へ送り出していくといった親の責務を果たさなければならなくなる。その責務を果たすために，親は家庭教育を行う。そこで子どもに社会生活に必要な知識や生活習慣などを教えていくことになる。その中で親は子どもに愛情を与え，十分なしつけを行い，わが子のモデルになるような機能が果たされなければならない。

　親は愛情をたっぷり注ぎながら，しつけを行う。幼児期に排泄，食事，衣服の着脱，あいさつ，清潔感をもつなど基本的な生活習慣を身につけることは大切である。また礼儀作法，マナーなども教えることになる。しかしながら，ときには子どもが失敗し，叱られることもある。うれしいこと，悲しいこと，くやしいことを分かち合う存在が親なのである。子どもにとって，いつでもやさしく愛情深く接してくれる姿は，心のやすらぎである。

（2）豊かな感性教育

　家庭において子どもは，その発達段階に応じてさまざまな感覚を身につけていく。とりわけ「音」，「色」，「形」，「手触り」，「動き」についての感性が養われることに気づく。3歳の子どもでは，身のまわりのさまざまなものの音や色，形，手触り，動きに気づくし，4歳の子どもではそれらに驚いたり

第3章　家庭教育　23

感動したりするようにもなる。5歳の子どもになると，さまざまな音や色，形，手触り，動きなどに対し，まわりのものの中で気づいたり，見いだしたりして楽しむことができるようになるし，6歳の子どもでは，それらに気づき，感動したことや発見したことなどを創造的に表現できるようになる。いずれにせよ，親はできるかぎり子どもに対しさまざまな経験・体験を身につけさせながら，感性を養うことが求められる。また家庭では補完できない側面を保育所・幼稚園などにおいて実施することが目指されるのである。

（3）社会性の育ちの萌芽と自立

　家庭で積極的保護を受け，周囲の人々の濃い人間関係を構築しながら，子どもは家族の構成員として家庭生活を楽しみ始めることになる。家庭教育のもう1つの重要な分野として，子どもが家庭での生活を送りながら，社会化と自立を遂げることが大切となる。

　そもそも社会化は，食事，睡眠，排泄などの基本的生活習慣をはじめとして社会がすでにつくり上げた生活スタイルやものの考え方，価値観などを内面化しながら身につけていくことをいう。子どもは最初に社会の中における新参者として登場することになる。したがって家庭生活の中で，子どもの行動が親や周囲の大人たちの行動を繰り返し観察することを通して，一定の基準を学んでいくことになる。社会化によって社会規範を取り入れながら，子どもは親や大人の援助なしに，自立して，一人前の社会構成員になっていくのである。すなわち社会化と自立は，誰しもが通らなければならない社会人になっていく過程なのである。しかしながら人間の社会化は家族によってのみ行われるものばかりではなく，友人関係や学校，職場なども社会化の機能を有している。家族は社会化の行われる基礎基盤なのである。

　また，家庭教育には子どもに「生き方」を教えるという重要な役割をもっている。「親の背を見て子どもは育つ」という言葉からも，このことは想像がつくであろう。子どもの成長・発達に伴い，子どもは家族から次第に離れていくことになる。しかしながら家庭教育は子どもが社会人として独立する

24　第Ⅰ部　子どもの教育の基礎理論

まで続けられ，その後の影響は生涯続いていくことになる。

　このような環境のもとで，親は子どもにどのように生き方を教えるのであろうか。親の労働の場が家庭内あるいはその近接地域にあった時代には，子どもが親の働く姿を見ながら，親の生き方を学び，継承することになった。しかし昨今ではサラリーマン家庭が多くなり，労働観や職業観を親から習得するという親子間のつながりは極めて乏しくなってきている。

　最近では将来の労働や仕事などに望みを見いだせず，価値さえ感じることができない子どもが増加していることに気づく。本来は家庭における生き方の教育とは，子どもの自己実現のプロセスを発達段階に応じて充実させ，豊かにするための親の関わりである。今後子どもらは将来が展望できるよう，親はそのモデルとして存在しなければならないだろう。

2．家庭教育を支える法制度

（1）子育ての第一義的責任（児童の権利に関する条約）

　近代以降の社会において，教育や福祉の機能はさまざまな組織で行われるようになってきた。それにより家庭の機能が縮小し，家族は血縁で結ばれた小集団となった。家庭の機能がますます小さくなるにしても，子どもらが親から生まれ，基本的には成人するまで家庭で親もしくは親の代わりの保護者によって育てられることになる。すなわち親は第一義的責任をもつ者なのである。「親の第一義的責任」については，1989（平成元）年にユネスコで採択された「児童の権利に関する条約」の第18条にも「締約国は，児童の養育及び発達について父母が共同の責任を有するという原則についての認識を確保するために最善の努力を払う。父母又は場合により法定保護者は，児童の養育及び発達についての第一義的な責任を有する。児童の最善の利益は，これらの者の基本的な関心事項となるものとする」と記されている。保育所や幼稚園，小学校など子どもたちは成長過程によってさまざまな学校・施設に行くこととなる。しかしながらそれは，家庭での親の子育ての仕事が，保育

所・幼稚園に代わったのみで親の責任は免除されることはないのである。

　また「締約国は，この条約に定める権利を保障し及び促進するため，父母及び法定保護者が児童の養育についての責任を遂行するに当たりこれらの者に対して適当な援助を与えるものとし，また，児童の養護のための施設，設備及び役務の提供の発展を確保する。締約国は，父母が働いている児童が利用する資格を有する児童の養護のための役務の提供及び設備からその児童が便益を受ける権利を有することを確保するためのすべての適当な措置をとる」とも明記されている。子どもは健全に成長する権利をもっているし，子どもが安心してそばにいて暮らすことのできる親がいる権利をもっている。しかしながら子どもらは自分自身でそれらを守る権利を行使できないのみならず，親がその権利を護ることになる。保育者は子どもの立場になり，子どもを護ることのできる保育実践を行うべきである。

（2）教育基本法と幼児教育

　家庭における教育では，先述のように母親の役割が大きい。しかしながら現代，母親が育児に不安をもったり，最悪の場合には育児ノイローゼ，子ども虐待などの社会問題を引き起こしている。それだけでなく，基本的な生活習慣の身についていない子どもや，しつけをそのまま保育所・幼稚園・学校に依頼する保護者が増大し，家庭教育力の低下が叫ばれるようになった。

　2006（平成18）年12月に改正された教育基本法の第10条には「家庭教育」についてふれられている。そこでは家庭教育の第一義的責任は父母の保護者にあること，また国や地方公共団体はその支援のための施策を行うことも明記されている。また，2017（平成29）年に改訂（改定）された「幼稚園教育要領」「幼保連携型認定こども園教育・保育要領」「保育所保育指針」では，家庭との連携のもとで小学校以降の教育や生涯にわたる学習とのつながりを見通すことが求められるようになった。そのため，より一層，家庭を中心とした保育所，幼稚園，認定こども園，学校さらには地域が一体化した子育て支援体制が整備されることになった。

3．家庭教育の現状と課題

（1）地域における子育て支援

　20世紀末頃より，わが国では「少子化」問題が顕在化した。合計特殊出生率は年々減少し続け，2005（平成17）年は1.26にまで落ち込んだ。2021（和令3）年現在は1.30となり，出生数は1899（明治32）年の調査開始以来，過去最少となった。女性が結婚，出産，子育ての3点セットとして考えられていた時代とは異なり，社会の変化に伴いその考え方が崩れつつある。女性の高学歴化とそれに伴う社会進出の増大により，育児を求められた母親から育児と仕事の両立をこなす女性が登場するようになったことが理由として大きい。結婚して出産という子育てを経由する女性の人生設計から，上級学校において教育を受け，高学歴を身につけながら，社会に出て，男性と同等に仕事を行うといった人生設計に変化を遂げるようになってきたのである。

　次に家族単位の変化が挙げられる。古くは大家族が中心であったが，父・母・子を中心とした核家族に変わってきた（図3－2）。そのため母親が育児不安を増大させることになった。さらに育児不安になった際に相談することのできる人，さらには近所づきあいなどが減少していることである。このような問題の噴出から，子どもの成長や発達の保障をいかにすべきか，といった「子育て支援」の具体化がいわれるようになってきたのである。

　このような少子化，核家族化，女性の社会進出といった社会の変化に対応していくために，1994（平成6）年に「21世紀福祉ビジョン」がとりまとめられ，安心して子育てのできる社会支援の重要性が指摘された。これに基づき，「エンゼルプラン」（今後の子育て支援のための施策の基本的方向について）が策定された。このプランは文部大臣・厚生大臣・労働大臣・建設大臣の4大臣による合意に基づく，少子化対策の政策である。社会全体の子育てに対する気運を醸成し，企業・地域社会などの子育て支援の取り組みを推進し，関係省庁が協力して子育て支援を推進することが目的とされた。

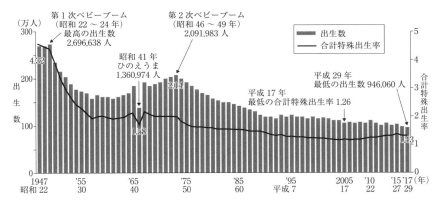

図3−1　出生率および合計特殊出生率の年次推移

(資料　厚生労働省：人口動態統計)

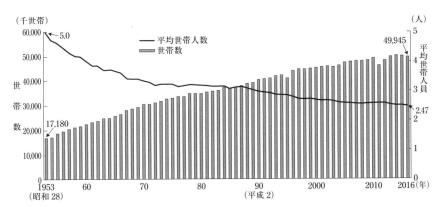

(資料)　厚生労働省大臣官房統計情報部「国民生活基礎調査」
(注)　1995年の数値は兵庫県、2011年の数値は岩手県、宮城県及び福島県、2012年の数値は福島県、2016年の数値は熊本県を除いたものである。

図3−2　世帯数および平均世帯人員の年次推移について

　取り組みの内容は，①安心して出産・育児可能な環境を整備する，②子育て支援社会を構築する，③子どもの利益を最大限尊重する，等である。また低年齢児を対象とする保育や延長保育などの保育サービスも推進された。保育サービスは，「集団保育サービス」（認可保育所，認可外保育所，事業所内

保育所，ベビーホテル，保育室，保育ママなど）や「個別保育サービス」（ベビーシッター，ファミリー・サポート・センターなど）に大別できる。

1999（平成11）年にはそれまでのエンゼルプランを見直すために，労働環境の整備，保育サービスのほかに相談・支援体制・母子保健・教育などの総合的な内容を付加した「新エンゼルプラン」（重点的に推進すべき少子化対策の具体的実施計画について）が定められた。内容としては，①性別役割分担や職場優先の企業風土の是正，②仕事と子育ての両立を図るための雇用環境の整備，③安心して子どもを生み，ゆとりをもって育てるための家庭・地域の環境づくり，④多様なニーズに対応した保育サービスの整備，⑤子どもが夢をもってのびのびと生活できる教育の推進，⑥子育て支援を対象とする住宅の普及および生活環境の整備，などが企図された。

2000（平成12）年には，母子保健の方向性を定めるために国民運動計画の一環として「健やか親子21」といわれる計画が示された。2001（平成13）年〜2010（平成22）年までの10年間において，子どもの心の安らかな発達の促進と育児不安の軽減などが課題に挙げられた。また，「健やか親子21（第2次）」では，2015（平成27）年から10年後に目指す姿を「すべての子どもが健やかに育つ社会」と定め，地域や家庭にかかわらず，同じ水準の母子保健サービスを受けられるように目標を設定している。

2002（平成14）年，厚生労働省は「少子化対策プラスワン」として「男性を含めた働き方の見直し」，「地域における次世代支援」，「社会保障における次世代支援」，「子どもの社会性の向上や促進」を柱とした取り組みを示した。

2003（平成15）年には「少子化社会対策基本法」が制定され，それをもって翌年に「少子化社会対策大綱」が閣議決定された。そこでは，少子化を打開するために，子どもが健康に育ち，子どもを生み育てる喜びを実感できる社会へ転換することを施策的な目標とし，同年12月，地方自治体や企業との連携を重視した「子ども・子育て応援プラン」（「少子化社会対策大綱に基づく重点施策の具体的実施計画について」）が決定された。

2007（平成19）年頃からは，「働き方の見直しによる仕事と生活の調和の実

現」の必要性が検討されるようになった。すなわち「ワーク・ライフ・バランス」である。これを提言することで，政府は社会全体による子どもの健全な育成に向け，保育施策分野における「新待機児童ゼロ作戦」を発表した。

2009（平成21）年は，このような新しい少子化対策を実施するための環境整備がなされ，同年6月には，「育児休業，介護休業等育児又は家族介護を行う労働者の福祉に関する法律」が一部改正されたが，そこでは①子育て期間中の働き方の見直し，②父親も子育てができる働き方の実現，③実効性の確保，といった内容が盛り込まれた。

2010（平成22）年には，「子ども・子育てビジョン」が閣議決定され，「子どもが主人公（チルドレン・ファースト）」という考えのもと，これまでの「少子化対策」から「子ども・子育て支援」へと視点が転換され，「生活と仕事と子育ての調和」が目指されるようになった。また同年には，待機児童について都市部を中心に問題が深刻化していたことから，内閣総理大臣指示による「待機児童ゼロ特命チーム」が設置された。そこでは大阪市，東京都世田谷区・江東区・足立区，三鷹市，横浜市にヒアリング調査を行い，「先取りプロジェクト」として取りまとめることになった。

そして，2015（平成27）年からは，「子ども・子育て支援新制度」がスタートし，その中で，子ども・子育て家庭等を対象とした「地域子育て支援事業」を市町村が実施することとなった（表3-1）。

なお，これらの子育て支援施策は，2023（令和5）年度から内閣府にこども家庭庁が設置され，厚生労働省の所管から移された。

このように，国策としての子育て支援が実施されてきたものの，地域の子育て支援については多くの課題が残されている。現在の子育て支援は，健常児を対象としたものが多く，障害のある子どもや病児とその家族に対する子育て支援が十分に行き届いていない状況がある。また，親の行う子育ての支援，親育ち支援，子どもの育ちの支援が求められる。さらに，子育て支援に関わる専門職の配置も考えなくてはならない。母親に依存してきた育児・子育てが，家事労働の一部であるという考えを改め，地域社会においての子育

30　第Ⅰ部　子どもの教育の基礎理論

表3−1　地域における子育て支援事業，保育所における保育サービス

①利用者支援事業	子ども又はその保護者の身近な場所で，教育・保育施設や地域の子育て支援事業等の情報提供及び必要に応じ相談・助言等を行うとともに，関係機関との連絡調整等を実施する事業
②地域子育て支援拠点事業	乳幼児及びその保護者が相互の交流を行う場所を開設し，子育てについての相談，情報の提供，助言その他の援助を行う事業
③妊婦健康診査	妊婦の健康の保持及び増進を図るため，妊婦に対する健康診査として，①健康状態の把握，②検査計測，③保健指導を実施するとともに，妊娠期間中の適時に必要に応じた医学的検査を実施する事業
④乳児家庭全戸訪問事業	生後4か月までの乳児のいる全ての家庭を訪問し，子育て支援に関する情報提供や養育環境等の把握を行う事業
⑤養育支援訪問事業	養育支援が特に必要な家庭に対して，その居宅を訪問し，養育に関する指導・助言等を行うことにより，当該家庭の適切な養育の実施を確保する事業
⑥子どもを守る地域ネットワーク機能強化事業（その他要保護児童等の支援に資する事業）	要保護児童対策地域協議会（子どもを守る地域ネットワーク）の機能強化を図るため，調整機関職員やネットワーク構成員（関係機関）の専門性強化と，ネットワーク機関間の連携強化を図る取組を実施する事業
⑦子育て短期支援事業	保護者の疾病等の理由により家庭において養育を受けることが一時的に困難となった児童について，児童養護施設等に入所させ，必要な保護を行う事業（短期入所生活援助事業（ショートステイ事業）及び夜間養護等事業（トワイライトステイ事業））
⑧ファミリー・サポート・センター事業(子育て援助活動支援事業)	乳幼児や小学生等の児童を有する子育て中の保護者を会員として，児童の預かりの援助を受けることを希望する者と当該援助を行うことを希望する者との相互援助活動に関する連絡，調整を行う事業
⑨一時預かり事業	家庭において保育を受けることが一時的に困難となった乳幼児について，主として昼間において，認定こども園，幼稚園，保育所，地域子育て支援拠点その他の場所において，一時的に預かり，必要な保護を行う事業
⑩延長保育事業	保育認定を受けた子どもについて，通常の利用日及び利用時間以外の日及び時間において，認定こども園，保育所等において保育を実施する事業
⑪病児保育事業	病児について，病院・保育所等に付設された専用スペース等において，看護師等が一時的に保育等する事業
⑫放課後児童クラブ（放課後児童健全育成事業）	保護者が労働等により昼間家庭にいない小学校に就学している児童に対し，授業の終了後に小学校の余裕教室，児童館等を利用して適切な遊び及び生活の場を与えて，その健全な育成を図る事業
⑬実費徴収に係る補足給付を行う事業	保護者の世帯所得の状況等を勘案して，特定教育・保育施設等に対して保護者が支払うべき日用品，文房具その他の教育・保育に必要な物品の購入に要する費用又は行事への参加に要する費用等を助成する事業
⑭多様な主体が本制度に参入することを促進するための事業	特定教育・保育施設等への民間事業者の参入の促進に関する調査研究その他多様な事業者の能力を活用した特定教育・保育施設等の設置又は運営を促進するための事業

（資料　内閣府「地域子ども・子育て支援事業について」2014）

てシステムを構築し，それを支える専門職を養成していくことが急務である。

　また保育者は，保護者が日々抱いている悩み・不安について日常的で何気ない会話から読みとったり，保護者の話などに共感的に耳を傾ける努力も求められることになる。さらに保護者が気軽に遠慮することなく相談にのれるような雰囲気をもつような努力も必要となるであろう。

　地域の子育て支援では，電話や電子メール等を通して育児相談にのったり，子育て相談の機会を設けたり，子育てに関する情報の提供を行ったり，地域の子育て家庭が定期的に集合できる機会を設けたり，保育所などを開放して，地域の子育て家庭と入所児童の家庭と親子で交流できる機会を設けるなどの活動を行っている場合が多い。しかしながら安全管理上の点から，保育所の開放の限界性や地域に対して必ずしも子育て支援の情報が行き渡っているとは限らない。今後一層の努力が期待されるところである。

（2）家庭と学校の連携

　親に子育ての意識を広めるために，家庭と学校と地域が一体になった子育て支援の取り組みが求められるようになり，文部科学省が支援する「早寝早起き朝ごはん運動」，「子どもの体力向上キャンペーン」や厚生労働省が推進する「食育プロジェクト」などが盛り上がりをみせた。「ＩＴを活用した次世代型家庭教育支援手法開発事業」や「放課後子ども教室推進事業（放課後子どもプラン）」などの取り組みも行われ，子育てについて気軽に相談したり，子育て情報を容易に入手したりすることも可能となった。また，子育ての楽しみや生命・家族の大切さの理解，父親の家庭教育への参加が促されるようになった。

　家庭教育の問題の１つである子育てに関わる不安や問題を解決するためには，保護者がいつでも気軽に相談できる場所の設置や子どもの成長を親と同じくらい喜んでくれる人々の存在が不可欠になるであろう。現在，子育て環境や地域づくりが緊急課題であり，保育所・幼稚園・認定こども園・学校などの施設がその役割を担うことが期待されてやまない。

■**参 考 文 献**
・柴田義松編：新・教育原理，有斐閣，2003
・白川蓉子，稲垣由子，北野幸子編：育ちあう乳幼児教育保育，有斐閣コンパクト，2004
・大沼良子，榎沢良彦編：シードブック　子どもの教育と保育の原理，建帛社，2005
・曽我雅比児，皿田琢司編：共生社会における教育を問う，大学教育出版，2005
・北野幸子編：子育て支援のすすめ，ミネルヴァ書房，2006
・民秋言編：保育原理，萌文書林，2006
・文部科学省編：幼稚園教育要領，東洋館出版社，2008
・文部科学省編：幼稚園教育要領解説，東洋館出版社，2008
・小田豊，榎沢良彦編：新しい時代の幼児教育，有斐閣，2009
・田嶋一，中野新之祐編：やさしい教育原理，有斐閣，2009
・北野幸子編：シードブック　乳幼児の教育保育課程論，建帛社，2010
・田代直人，佐々木司編：新しい教育の原理，ミネルヴァ書房，2010

 推薦図書

広田照幸：日本人のしつけは衰退したか――「教育する家族」のゆくえ，講談社，2004年
　しつけの変遷から子育てを問い直す一冊です。大正期から昭和期にかけての新中間層といわれる人々の教育関心は，子どもたちを礼儀正しく道徳的にふるまうことのできる子どもに育てようとしたことと，それと同時に読書や遊びの領域で子ども独自の世界を満喫させ，普段からの予習・復習にも注意を払うことで，望ましい進学先に子どもらを送り出そうと努力することでした。それは童心主義・厳格主義・学歴主義の3つの大きな目標を掲げすべてわが子に実現しようとしたのであり，「パーフェクト・チャイルド」をつくろうとするものでした。

森信三：家庭教育の心得21――母親のための人間学，致知出版社，2010年
　「国民教育の師父」として知られる森信三における家庭教育について数々の講演をまとめた講演録です。わが子の育て方やしつけの仕方について21の項目のポイントに絞ってわかりやすく解説され，その教えが人間教育の本質に関する原理・原則や具体的な実践方法にいたるまで述べられたものです。「子どもの前では夫婦喧嘩をしない」，「テレビは必ず応接間に置くこと」，「小学校1，2年生では国語の教科書を毎日必ず朗読すること」など家庭教育として重要な内容が盛りだくさんとなっています。子育てに不安を抱える親の手引き書として誰もが手にとりたくなる1冊です。

第Ⅰ部 子どもの教育の基礎理論
第4章
学校教育

1. 学校教育の機能

　現代ではみんなが行くようになった学校。では，一体私たちは何のために学校に行くのだろうか。大学の授業で学生に「何のために学校に行っていた？」と聞くと，「知識を得るため」「自立のため」「生きていくために必要なことを学ぶため」等々，たくさんの答えが返ってくる。本章では，学校教育とは何か，自らの経験を振り返りながら，その機能について理解することを目的とする。

　学校教育には大きく2つの機能がある。1つは個人が社会で生きていくために必要なことを学ぶ機能。もう1つは社会の維持・再創造の機能である。以下に詳しくみていくことにしよう。

(1) 学習者個人にとっての教育の意味

　一人ひとりにとって学校とは，将来社会で生きていくために必要な力を身につける場である。かつて「一人前像」がはっきりしていた社会・時代においては，家庭や地域社会での日常的な生活の中で子どもが育ち，「一人前」になっていた。しかし社会が複雑化していく中で，それが難しくなり，学校という日常生活とは少し離れた場所で，子どもたちは学ぶようになったのである。

　では，学校で子どもたちは何をどのように学んでいるのだろうか。例え

ば，昔は，生活の中で子どもが親の手伝いをしながら足し算引き算や読み書きを覚えていったが，学校では「1．2．3・・・」と数字を習い，「あいうえお」と文字を習う。つまり生活の場面とは全く異なった「算数」や「国語」という特別な時間の中で勉強していくのである。レイヴ（Lave, J）らは，スーパーでの買い物は「1,000円もっているから，リンゴをかごにいれたら，あといくら分買える」と人は無意識に引き算をしながら買い物をするが，「算数」では「リンゴが200円，肉が400円…たしていくらか」と足し算で習うことを例に取り上げている。そして，日常生活での計算の仕方と学校での計算の仕方が異なることをあげて，学校の特殊性を説明している。

　このように学校とは，日常の生活に埋め込まれている文化や科学を日常生活からいったん切り離して，効率よく伝達する機能をもっている。中でも効率的な伝達の方法が一斉授業というスタイルである。一人の教師が大勢の生徒に一度に同じことを伝達するシステムは効率そのものといえよう。

　学校には文化や科学の伝承の他に，個人を社会化するという機能がある。社会化とは，例えば『保育用語辞典』によると，「社会の成員としてふさわしい行動様式を身につけていく過程を指す。それぞれの社会や文化には異なる価値観があり，子どもは自分がその属する社会や文化の中で，その行動様式を獲得する」ことであり，その社会化を促す担い手は「親や教師，学校，地域，マスコミ」などとされている[1]。つまり将来社会で生きていくために，その社会に適応する力を学校で教育するともいえよう。例えば，「教師が前にいて話をしている，それを生徒は座って黙って聞く」という行動様式も社会化の1つである。特に学校は集団で行動をする場所であるため，集団で行動する際には，一人ひとりがどのような行動をとればよいのかという価値規範を学校生活の中で生徒は獲得していくのである。

（2）社会にとっての教育の意味

　さて，上記では「社会に適応する力」を学校で獲得すると述べた。しかし「適応」する力だけではなく，「つくる」力を培うのも学校の機能の1つであ

る。何をつくるのかというと，大きな意味では「社会」や「国家」ということになろう。つまり，学校教育とは，学習者個人にとっての教育の意味以外に，社会・国家にとっても，重要な意味をもっていることになる。

例えば，学校で学ぶことは，「現在」または「過去」の文化や科学である。先人たちの知恵や発明を学校の各教科の中で学ぶことが可能である。しかし，学んでいる生徒は将来の社会を生きる者でもある。そしてその「未来」の社会をつくり出す「将来」の社会の構成員でもあるのだ。未来の社会の構成員を育てるというのも学校教育の重要な機能なのである。

このように社会の価値規範を獲得し社会に適応するという側面と，新しい価値規範を創造する力を獲得する側面という，一見すると相反する2つの機能を学校はもっているのである。

そのため，学校教育は社会の価値規範に影響を受ける部分と，「人を教育する」という教育的価値，つまり社会の影響を受けにくい学校教育内部に存在する価値規範という部分の両者をもつ複雑な制度ということもできる。教師は社会の動きに敏感になる必要とともに，社会の動きに影響されることのない教育的価値の遂行という教育の専門家としての信念をもちながら教育を行っていかなければならないのである。

（3）シティズンシップ教育

社会の動きが比較的緩やかで安定的な時代，また国家の価値規範が単一の場合は，そこで期待される人間像が明確である。その場合，社会の影響を受ける部分と教育的価値の遂行という側面はあまり矛盾しない，または矛盾が顕在化しない傾向がある。例えば，近代学校制度が誕生した明治時代には，「西欧に追いつけ追い越せ」と新しい国づくりが始まり，国家という枠組みが生み出され，人間も「日本国民」として教育していくことが目標とされた。あるいは，戦後の高度経済成長期の日本では，学校に行くことが将来の幸せにつながるという価値観が社会に浸透していた。こうした安定した時代には学校教育が社会の適応に向けて機能してきた側面が強いといえる。

36 第Ⅰ部 子どもの教育の基礎理論

　しかし現代では，グローバル化に伴い，国家の価値規範が単一ではなく，暮らしている民族も単一とは限らない。また社会の変化も急速であり，かつ，その変化が明るい方向へ向かっているとは限らない時代にある。学校で学んでいることが将来も役に立つとは限らない時代に突入してきている。こうした時代には社会への適応よりも社会を創造する力に向けて教育が機能していく可能性が強い。

　そうした背景からシティズンシップ教育の重要性がいわれるようになってきている。シティズンシップという考え方についての議論も盛んになっており，また学校のカリキュラムも変化してきている。

　そこでシティズンシップ教育について少し考えていくことにしよう。

　『教職用語辞典』によるとシティズンシップとは「市民性。市民としての資質，能力」と定義されている[2]。ここでいう「市民性」は，「国民」とは区別され，新しい社会の構成員を指す言葉として注目されている。その理由には先述したように「国民」という概念がリアリティをもたなくなった社会の背景がある。

　もともとはシティズンシップという概念は政治に参加する権利や生存権を含む社会権を指すものであった。シティズンシップというものは生まれながらにして備わっているという意味合いが含まれていたのである。しかし，社会の変化により1990年代以降，シティズンシップという概念も変化してきた。1つはシティズンシップは教育によって獲得されるものであるという考え方へのシフトである。もう1つは，ここでいう市民性は「国民」というような単一で同質なアイデンティティを想定しているのではなく，異質なアイデンティティを有する人々の集まりであることが想定されている点である。

　こうした変化の中でシティズンシップ教育も大きく変わっていかざるを得ない状況にある。まず，市民としての権利を行使するための知識や方法を学校教育の中で学習していた時代から，現在では社会に参加する，政治的判断をする力を学校教育の中で獲得していこうという方向性である。そして，「日本人らしさ」や「女性らしさ」「男性らしさ」といった単一のアイデンティ

ティの獲得および同一性の社会の創造ではなく，異質な他者が互いに排除することなく生きていける社会をどのようにつくっていくのかを思考する教育のあり方が必要とされているのである。

シティズンシップ教育の視点から従来の学校教育をみると，「教科」を通した授業による文化・科学の伝承は一方通行になってしまい，学習者にとっては受け身的で暗記重視の学習となりがちで，自分で考えることや問題を解決する力の獲得には不向きといえる。日本の学校に限っていえば，それでも授業外の特別活動や行事で生徒が自主的に運営する活動の中で，自分たちで考え，創造する力を得てきたが，近年ではそれも難しくなっている。

2002（平成14）年度からスタートした「総合的な学習の時間」では，現代的な問題をテーマに学習者自身が問題の本質を考察し，新しい知を創造する機会になる可能性がある。特別活動や行事の活動と大きく異なる点は，現代的な問題をテーマにすることで社会の構成員として生きた社会の問題を考える機会になりうるということである。

学校という場所は社会から子どもを保護するという機能もある。それは一方で学校が閉鎖的になりやすい性質をもつ。しかし「総合的な学習の時間」の中で，地域社会に出て学習をしていく実践も行われるようになり，今では学校をどのように地域社会に開いていきながら生徒の市民性を育てるかが課題となっているといえよう。

以上のように学校教育の機能は，過去や現代の文化・科学の伝承，社会への適応，そして将来の市民を育てるという幅広い機能をもっているのである。

2．学校教育の法制度

前節で述べた学校教育の機能と家庭教育および社会教育との大きな違いは，明確な意図，目標，理念があるということである。例えば，家庭で親が子どもを育てる場合，「やさしい子どもになってほしい」「たくましい子どもになってほしい」といった漠然とした願いや希望は抱いていたとしても，日

常生活においては，そのようなことを自覚しながら子どもと相対しているわけではないだろう。しかし学校教育においては，小学校1年生での到達目標といった具合に，具体的な目標・目的やそのための方法について教師が意識し，意図的に子どもたちに関わっているのである。

では，その目標や目的は誰がどのように決めているのだろうか。学校では，その学校の教員集団が話し合いの末に目の前の生徒の課題や地域性などを考慮して学校の理念を掲げ，学年の目標を決め，クラスの目標を決めていくことが考えられる。しかし，それらもまた，完全なる自由ではない。なぜならば，学校教育は社会的な制度だからである。社会にとって共通の目標・目的が存在して成り立っているからである。さまざまな法律のもとで学校教育は運営されている。そこでここでは，学校教育の法制度について述べていくことにする。

（1）教育は子どもの権利である

日本国憲法第26条では教育を受ける権利，教育を受けさせる義務，義務教育の無償について次のように定められている。

> 第26条　すべて国民は，法律の定めるところにより，その能力に応じて，ひとしく教育を受ける権利を有する。
> ②　すべて国民は，法律の定めるところにより，その保護する子女に普通教育を受けさせる義務を負ふ。義務教育は，これを無償とする。

この条文からは，2つのことがわかる。1つは誰でもが教育を受ける権利があるということ。もう1つは大人には子どもに教育を受けさせる義務があるということ。つまり義務教育の義務は大人に課せられたものなのである。その義務を果たすべく，学校という教育の場が制度化されているといえる。

（2）教育の目的

日本国憲法に基づいて教育基本法が制定され，そこに教育の目的や理念など基本的なことが定められている。もっとも基本的なこととして，教育の目

的が次のように定められている。

> **第1条** 教育は，人格の完成を目指し，平和で民主的な国家及び社会の形成者として必要な資質を備えた心身ともに健康な国民の育成を期して行われなければならない。

①「人格の完成」＝個人の成長・発達の保障，②「社会の形成者」＝市民を育てるという2つの教育の目標が明文化されている。この大目標のもとで社会は教育環境を整えているのである。そのことも同法第4条では，「すべて国民は，ひとしく，その能力に応じた教育を受ける機会を与えられなければならず，人種，信条，性別，社会的身分，経済的地位又は門地によって，教育上差別されない」また「国及び地方公共団体」がそのために支援や環境の整備をしなければならないと明記されている。特に幼児期の教育については第11条で「幼児期の教育は，生涯にわたる人格形成の基礎を培う重要なものであることにかんがみ，国及び地方公共団体は，幼児の健やかな成長に資する良好な環境の整備その他適当な方法によって，その振興に努めなければならない」とあり，ここでも「国及び地方公共団体」が子どもの成長に責任をもち環境整備をしていくことが定められているのである。

以上のように教育の基本的な事項については日本国憲法とそのもとに制定された教育基本法に定められている。

（3）教育制度の運営

教育の基本に基づき，学校という制度は教育の一部の機能を担っていることになる。では，学校とは何だろうか。学校教育法第1条に定められている学校の範囲を確認しておくことにしよう。

> **第1条** この法律で，学校とは，幼稚園，小学校，中学校，義務教育学校，高等学校，中等教育学校，特別支援学校，大学及び高等専門学校とする。

これらの学校は勝手に誰もがつくってよいというわけではなく，設置にあ

たっては，さまざまなルールが設けられている。それは学校教育法や学校教育法施行令，学校教育法施行規則の他に，幼稚園なら幼稚園設置基準というように学校種別による設置基準が定められており，これらに沿って学校は運営されている。

さて，これまでは学校教育全体の基本的な理念や目的といった大きな話題であったが，ここからは具体的に子どもを教育するにあたっての内容についての法体系を見ていくことにしたい。

例えば先に見た教育基本法第11条では「幼児期の教育は，生涯にわたる人格形成の基礎を培う」こと，そのために「良好な環境の整備その他適当な方法」によって行うものとうたわれていた。この「良好な環境の整備」「適当な方法」はどこに向かって考えればよいのだろうか。

学校教育法第23条では幼稚園教育の目標が条文化されている。

一　健康，安全で幸福な生活のために必要な基本的な習慣を養い，身体諸機能の調和的発達を図ること。
二　集団生活を通じて，喜んでこれに参加する態度を養うとともに家族や身近な人への信頼感を深め，自主，自律及び協同の精神並びに規範意識の芽生えを養うこと。
三　身近な社会生活，生命及び自然に対する興味を養い，それらに対する正しい理解と態度及び思考力の芽生えを養うこと。
四　日常の会話や，絵本，童話等に親しむことを通じて，言葉の使い方を正しく導くとともに，相手の話を理解しようとする態度を養うこと。
五　音楽，身体による表現，造形等に親しむことを通じて，豊かな感性と表現力の芽生えを養うこと。

これを踏まえて教育課程等の保育内容は文部科学大臣が定めることが同法第25条に明記されている。具体的には幼稚園教育要領などがこれにあたる。

では，少し幼稚園教育要領も見てみることにしよう。まず第1章総則の「第1　幼稚園教育の基本」の一部を引用する。

第4章　学校教育　41

> **第1　幼稚園教育の基本**
> 　幼児期の教育は，生涯にわたる人格形成の基礎を培う重要なものであり，幼稚園教育は，学校教育法に規定する目的及び目標を達成するため，幼児期の特性を踏まえ，環境を通して行うものであることを基本とする。
> 　このため教師は，幼児との信頼関係を十分に築き，幼児が身近な環境に主体的に関わり，環境との関わり方や意味に気付き，これらを取り込もうとして，試行錯誤したり，考えたりするようになる幼児期の教育における見方・考え方を生かし，幼児と共によりよい教育環境を創造するように努めるものとする。

　先に見た学校教育法第23条の実現のために，幼児期の教育は幼児一人ひとりの理解に基づき環境を通して行うものであり，その環境は教師が子どもとともに創造することが記されている。

　また，各幼稚園の教育目標等教育課程については，幼稚園教育要領総則第3の2に「教育課程の編成に当たっては，幼稚園教育において育みたい資質・能力を踏まえつつ，各幼稚園の教育目標を明確にするとともに，教育課程の編成についての基本的な方針が家庭や地域とも共有されるよう努めるものとする」とあるように，家庭や地域の実情に合わせた教育課程を編成し実践していくことが必要となってくる。

（4）幼稚園教育

　ここからは幼稚園教育に焦点を当てて，法体系を述べていくことにする。

　2015（平成27）年に「子ども・子育て支援新制度」が創設され，乳幼児期の制度が大きく変化した。もっとも大きな変化としては，幼稚園と保育所以外に幼保連携型認定こども園など保護者のニーズを踏まえ子育てを支援する制度がつくられたことがあげられる。

　また，制度改革に合わせて，2017（平成29）年に幼稚園教育要領，保育所保育指針，幼保連携型認定こども園教育・保育要領が改訂（改定）され，2018（平成30）年より施行された。この改訂（改定）における大きな特徴は，第一に保育所・幼保連携型認定こども園・幼稚園において3〜5歳児は制度

42 第Ⅰ部 子どもの教育の基礎理論

または法律が認める幼児教育となったことである。それに伴い，保育内容も3歳からの幼児教育はこれまでの5領域に加え，「資質・能力の3つの柱」と「幼児期の終わりまでに育ってほしい姿」が共通事項として記載された。資質・能力の3つの柱は以下のとおりである。

（1）豊かな体験を通じて，感じたり，気付いたり，分かったり，できるようになったりする「知識及び技能の基礎」

（2）気付いたことや，できるようになったことなどを使い，考えたり，試したり，工夫したり，表現したりする「思考力，判断力，表現力等の基礎」

（3）心情，意欲，態度が育つ中で，よりよい生活を営もうとする「学びに向かう力，人間性等」

これらを，5領域に示すねらい及び内容に基づく活動によって育むものとされている。その幼児教育を通して育まれる幼児教育修了時の具体的な姿として「幼児期の終わりまでに育ってほしい姿」が，次の「10の姿」である。

（1）健康な心と体

（2）自立心

（3）協同性

（4）道徳性・規範意識の芽生え

（5）社会生活との関わり

（6）思考力の芽生え

（7）自然との関わり・生命尊重

（8）数量や図形，標識や文字などへの関心・感覚

（9）言葉による伝え合い

（10）豊かな感性と表現

これらは子どもの育ちをみる視点であり，決して到達目標ではない。保育者は，子どもをみる視点として，そして活動を計画する際の配慮事項として，「10の姿」に留意したい。

3．学校教育の現状と課題

（1）保育をめぐる行政改革

　教育学における教育行政とは，子どもの教育を受ける権利を保障するための環境や条件を整備することを指す。具体的には，学校なら文部科学省，都道府県知事，市町村の教育委員会などが教育行政を担う。幼児教育でいえば幼稚園も学校の1つと定められているため，文部科学省等がそれを担うことになる。

　しかし，わが国では歴史的に厚生労働省の管轄下にあった保育所（現在はこども家庭庁が管轄）も幼児教育を担っており，幼保二元化した状況が続いていた。幼稚園は学校教育として位置付けられ，保育所は「保育に欠けるその乳児または幼児を保育することを目的」とした児童福祉施設の一つとして位置付けられてきた。つまり，法律上も異なる制度が存在してきたのが日本の幼児教育の歴史である。保育所については児童福祉法が改正され，現在では「保育を必要とする乳児・幼児」が対象となり，幼保連携型認定こども園も児童福祉施設の一つとして定められている。

　幼保連携型認定こども園ができる前に，2006（平成18）年「認定こども園」が誕生した。これは就学前の子どもが通う幼稚園と保育所を一体化し，一つの法律の下で保育を行う試みであり，幼保一体化への大きな一歩であった。

　しかし，誕生以降，期待するほどには認定こども園は広がりをみせず，その結果，学校教育法に基づいた幼稚園，「就学前の子どもに関する教育，保育等の総合的な提供の推進に関する法律」に基づく認定こども園，児童福祉法に基づく保育所の3つの制度・施設が存在することになった。

　一方，子どもをめぐる社会背景は，少子化の一方で働く女性の増加により待機児童の問題が深刻になってくる。幼稚園では標準教育時間外の預かり保育を行い，保育所との役割の違いも曖昧になってきていた。

　また，就学前の教育の質が将来の子どもの能力に大きな影響を及ぼすこと

44　第 I 部　子どもの教育の基礎理論

が世界的に実証されるようになり，幼児教育そのものへの関心も内外で高まっていった。

　2012（平成24）年には，いわゆる「子ども・子育て関連3法」（「子ども・子育て支援法」，「就学前の子どもに関する教育，保育等の総合的な提供の推進に関する法律の一部を改正する法律」，「子ども・子育て支援法及び就学前の子どもに関する教育，保育等の総合的な提供の推進に関する法律の一部を改正する法律の施行に伴う関係法律の整備等に関する法律」）が制定され，現在に至る。

　では，現在はどのような制度になっているのだろうか。

　児童福祉法および保育所保育指針に基づく保育所および認定こども園，就学前の子どもに関する教育，保育等の総合的な提供の推進に関する法律および幼保連携型認定こども園教育・保育要領に基づく幼保連携型認定こども園，学校教育法および幼稚園教育要領に基づく幼稚園が存在し，幼稚園は学校として位置付けられ，幼保連携型認定こども園も学校として定めることもある。

　このように，法律や指針および要領が異なるもとでの制度が存在しているのが現状である。

　そこで，2018（平成30）年度からは，保育所保育指針，幼保連携型認定こども園教育・保育要領，幼稚園教育要領をほぼ同時期に改訂（改定）し，0から2歳児については保育所でも認定こども園でも養護の部分や未満児についての記述を以前よりも充実させ，3歳から5歳児については幼稚園，幼保連携型認定こども園，保育所ともに幼児教育として位置付け，「5領域」，「資質・能力の3つの柱」と「幼児期の終わりまでに育ってほしい姿」を共通に設けることで，どこの施設に在園しても同様の幼児教育が受けられるようにすることが求められている。

　特に幼保連携型認定こども園では，保育を必要とする子ども（2号認定）と専業家庭などの子ども（1号認定）が同じ施設で過ごすために，保育の1日の流れをそれぞれの園の実情に合わせて工夫する必要が出てくるなど，課

題もみられる。

　今後もますます少子化が進み，またその一方で待機児童も増えることが考えられ，これらの制度をいかに充実させていくかが問われているといえよう。

（2）幼小の連携

　近年の学校教育では幼稚園と小学校，小学校と中学校，中学校と高校など，校種間の縦の接続の問題がクローズアップされることが多い。例えば，中高一貫校や小中一貫校など，長いスパンで教育を考える改革が行われている。そのような中で，幼稚園と小学校の接続の問題も幼児教育において重要なトピックスになってきている。幼小の連携が課題になってきている直接的な要因は「小1プロブレム」といわれる新しい現象である。従来は，小学校に入学すると教師が教えることなく生徒たちは椅子に座り黙って教師の話を聞くという習慣ができていた。しかし「小1プロブレム」という新しい現象は，授業中に私語，立ち歩くなどが原因で集団での授業が成立しないことを指す。

　改めて考えてみると，幼稚園では「遊びを中心とした」学びを行ってきた子どもたちが，ある日突然，小学校1年生になり，その瞬間から「教科を中心とした」学びに学習のスタイルが大きく変化するのだから，学級集団が形成される前の段階での私語や立ち歩きという現象が起きても不思議なことではないのかもしれない。しかし社会の変化の中で，子どもの育ち方が変わり，学校という場・教師という存在への権威が低下する中で，こうした新しい現象が生じてきているのは事実であり，教育現場での戸惑いは大きいだろう。

　これらを背景に幼小の連携の必要性が叫ばれるようになってきたが，具体的に何をしていくことが連携なのかをめぐっては模索しているのが現状である。幼稚園と小学校の交流というレベルの連携から，最近ではお茶の水女子大学附属幼稚園・小学校などでカリキュラムの作成を中心とした連携も始まってきており，報告書も手にすることができるようになってきた。

46　第Ⅰ部　子どもの教育の基礎理論

いずれにしても幼児期から児童期への発達をどのように支えていくのかを，幼稚園，小学校という学校制度の枠組みを越えたところで考えていくことが現代の大きな課題となっているといえるだろう。

（3）保育者の専門性の向上

　教師あるいは保育者になる人にはそれぞれに必要な免許・資格がある。学校の教師になるには教員免許状が必要となり，保育士になるには保育士資格が必要である。免許状・資格の取得のためには養成校などで専門的な知識や技術を身につけなければならない。

　さて，この養成の制度そのものも近年変化してきている。例えば，教員免許状取得のためには学校での実習だけではなく介護実習等も必要になるなど，実習等での豊富な現場経験が求められる傾向がみられる。

　また 2010（平成 22）年度からは教員免許状については教職実践演習という科目がおかれ，より実践的な力をつけるよう養成のカリキュラムが変更になっている。保育士についても 2011（平成 23）年度から実習における事前事後指導が増えるなど，やはり実習などの実践での経験およびその経験を振り返る機会が重要視されるようになってきた。

　このように養成の段階でも制度の改革が進んでいる。今後は先にも述べたように幼児教育については幼稚園教諭免許状と保育士資格の一本化の方向で議論されていくことも考えられる。

　養成段階でのこうした改革の背景には，より高い専門性が保育者に求められるようになってきているということがある。これまでみてきたように現場ではさまざまな課題が山積しており，仕事の内容も幅広くなっている。これまで以上に高度な専門性が幼児教育の現場に求められるようになっているのである。

　専門性の向上は養成段階だけに限らない。例えば，教育公務員特例法では第 21 条で「その職責を遂行するために，絶えず研究と修養に努めなければならない」と定められており，同法第 22 条では「研修を受ける機会が与え

られなければならない」と研修の機会が法的に保障されている。

　一般には初任者研修や10年経験者研修などを都道府県や市町村が主催するもののほかに，幼稚園なら私立幼稚園協会などが主催して行う研修もある。また，保育士についても保育の改善のために「組織的な対応」が求められ，園全体での研修が重要視されるようになってきている。さらに「キャリアパス」を構築していくことで，保育者の資質を向上させる仕組みもできている。

　2009（平成21）年度から行われていた教員免許更新制は2022（令和4）年6月に廃止され，近年問題になっている特別な配慮や支援を必要とする子どもへの対応やICT（情報通信技術）の活用など，「令和の日本型教育」を踏まえた新しい時代における教育や，学校や教職の意義や社会的役割などを理解するための研修を受けるものとされた。研修は校長などが個々に合わせた研修計画を作り助言し，かつ「研究報告書」の作成をする。

　これらの制度については賛否さまざまであるが，社会の変化が早い現代においては，こうした制度を利用することには一定の意義もある。教育現場にいると社会の変化に鈍感になりがちだからである。しかし，一方で研修が「行くだけ」「いるだけ」になりがちな傾向がないわけではない。研修で学んだことを実践にいかに生かしていくかが教師・保育者には求められているのである。

4．まとめにかえて

　学校教育とは，子どもの人格を形成し，個人が社会で生きていくために必要な力を培うとともに，社会の構成員としての力も育てる機能をもつ。これはいつの時代も変わらない教育的価値である。しかし，社会で生きていくための必要な力とは何か，社会の構成員として力とは何が求められているのか，その具体的な中身は時代とともに変化する可能性をもつものである。

　このため学校教育は社会の変化に影響を受け変化していく部分と，変化し

ていかない部分とをあわせもつ制度である。

また法体系をみてもわかるように，学校教育とは子どもが教育を受ける権利を保障する場であるとともに，未来の社会にとって重要な意味をもつ壮大なプロジェクトでもあり，極めて公的な役割を担っているのである。

特に近年では幼児教育の重要性がクローズアップされてきている。幼児期の教育は生涯にわたる基礎を培う場と明確に位置づけられるようになってきた。しかし，その教育内容については，幼小の連携のところでもみたように，まだまだ実験的な段階にあるといえる。

これから幼児教育の現場を担う人たちにとって，もっとも重要な課題となってくるに違いない。

■**引用文献**

1）森上史朗，柏女霊峰：保育用語辞典，ミネルヴァ書房，2010，p. 302
2）原聡介編：教職用語辞典，一藝社，2008，p. 241

■**参考文献**

・伊藤良高：新時代の幼児教育と幼稚園，晃洋書房，2009
・岡崎伸二：海を越えたボランティア活動，学事出版，1998
・お茶の水女子大学附属幼稚園・小学校：子どもの学びをつなぐ，東洋館出版社，2006
・木村元，小玉重夫，船橋一男：教育学をつかむ，有斐閣，2009
・佐々木宏子，鳴門教育大学学校教育学部附属幼稚園：なめらかな幼小の連携教育，チャイルド本社，2004
・ジーン・レイヴ，エティエンヌ・ウェンガー／佐伯胖訳：状況に埋め込まれた学習，産業図書，1993
・無藤隆：幼児教育の原則，ミネルヴァ書房，2009
・文部科学省：平成20年度　文部科学白書，2008

推薦図書

無藤隆：幼児教育の原則―保育内容を徹底的に考える，ミネルヴァ書房，2009 年
　『幼児教育の原則』というタイトルにもあるように，幼児教育の基本的なことが領域ごとに整理されており，かつ幼小の連携など現代的なトピックスについても章が設けられています。第一に各領域の内容が各章ごとに書かれているため，領域全体のつながりを理解する手助けになります。次に，幼小の連携について書かれていた章では，幼児期の教育の特徴と小学校の教育の特徴が整理された上で，例えば，幼児期の教育での「ことば」と小学校教育での「国語」との連続性など，それぞれの固有性と連続性が具体的に書かれていて，幼児教育全体の基本と，それがその後の教育にどのような連続性をもっていくのかを考える上でヒントとなる視点を得るのに役立つ1冊です。

伊藤良高：新時代の幼児教育と幼稚園―理念・戦略・実践―，晃洋書房，2009 年
　本書は，幼児教育の制度改革の流れとその背景にある社会の変化を理解するのに役立ちます。第一に最近の教育法規の改革の要点が整理されていて，今日の幼児教育の理念が確認できます。第二には私立幼稚園の経営の現状と課題が整理され，幼稚園の本来の役割や理念と保護者のニーズとのはざまで揺れ動く幼稚園経営の現状を理解できます。そしてそうした社会的・制度的な大きな変化を受けて，実際に動き始めた保育制度の改革，特に幼稚園と保育所の一元化の流れとその実際と課題についてまとめられています。制度の理解が苦手な学生も，本書を関心のある章だけでもよいので手にとって，めまぐるしい保育行政の動きとその理由について，理解を深めてほしいと思い，本書を紹介します。

第Ⅰ部 子どもの教育の基礎理論

第5章
社会教育と生涯学習

1. 社会教育と生涯学習の概念と機能

(1) 社会教育の概念と機能
1) 社会教育とは

　子どもたちが教育を受けて育つ「場」という観点から見るならば、それは「家庭」「学校」「地域社会」と分けることができる。それぞれの場で行われる教育が「家庭教育」「学校教育」「社会教育」であり、「社会教育」とは「家庭・学校以外で行われる教育」であると考える人も少なくないであろうが、実際には社会教育の概念はもっと複雑である。

　例えば、地域社会の中で無意識的に行われてきた文化の伝達や、レクリエーションなどの余暇活動も含まれる場合がある。また、対象は子どもだけではなく、学校教育を終えた成人をも含む。広義の社会教育とは、単なる「場」の違いで定義されるものではなく、社会の教育的機能を包括する概念である。

　今日では、社会教育とは学校教育以外で、意図的・計画的に行われるものを指す。学校教育が教育課程等の明確な基準をつくり、卒業や修了の認定を行う定型的な教育を行っているのに対し、社会教育では、資格取得に関連する場合（準定型教育）と関係のない場合（非定型教育）があり、特に後者の場合は明確な基準はない。学校教育では学校に入学したものが対象となるのに対し、社会教育では社会生活を送っているすべての人が対象となり、学習

の内容は学習者の要求によって，多種多様に考えられる。

２）社会教育の基本的性格と内容

　まず，社会教育の基本的性格としては次の５点が挙げられる[1]。

　第１は「自主性・任意性」である。社会教育は学習者の自主的な要求に基づいて進められる学習活動の援助として展開されるものであり，学習者の自由な意思に基づく。その意味で学習者の任意によるものである。

　第２は「現実性」である。社会教育は現実生活の中から生じた課題や要求に応えて行われるものである。例えば農村における農業経営や栽培法の研究などの学習活動も社会教育である。人々の健康づくりに貢献するスポーツ振興や趣味の活動も社会教育に含まれる。

　第３は「多様性」である。社会教育は社会に生活するすべての人を対象に行われる教育活動である。したがって，さまざまな学習者の課題や要求に応えるために，多種多様な教育内容・教育方法をもつことになる。

　第４に「公共性」である。例えば，一人で読書をするのは社会教育に含まれないが，図書館の読書会に入った場合は社会教育の学習活動といえる。社会教育は，参加の場がひろく社会の人々に開放されているという性格をもつ。

　第５は「生涯性・総合性」である。社会教育は生涯の間に生じる人生の課題や要求に応えるため，生涯にわたって行われるものである。長い人生においてはさまざまなことが起こる。また，生活は衣食住を始め，仕事，余暇活動，家族との関係などを含む，複合的な活動である。その中で我々は意図的・無意図的に学んでいる。生活の変化が著しい今日，生涯にわたって総合的に学び続ける必要が生じており，そのための機会を社会教育が提供しているのである。

　以上のような性格をもつ社会教育は，人生のあらゆる時期や場所で生じる課題や要求に対応するための学習活動を提供する。そのため，その内容も多岐にわたる。学習者で分類するなら，「青少年教育」「成人教育」「婦人教育」「高齢者教育」に分けられる。また，施設に関していえば「公民館活動」や

「学校開放」，学習内容では「職業教育」「体育レクリエーション」などに分類される。

さらに現在は，これから述べる社会の変化と生涯学習との関連から，その内容はより複雑化してきている。

（2）生涯学習の概念
1）生涯にわたって学び続ける必要性

社会教育の概念を歴史的に見てみると，時代や各国の事情によりさまざまな変化をしてきている。学校教育が始まった頃には，社会教育は学校教育の補充的な機能をもつ教育活動と考えられてきたが，初等教育の普及に伴い，初等教育に続く職業教育や生活のための準備教育のように，学校教育の継続的機能として捉えられた。現在では，社会・産業の発展や生活の構造的変化に伴い，社会教育の必要性が増してきている。

文明が発達し，知識や技能の水準が高くなっている今日，学校教育だけではそれら全てを習得することができなくなっている。また，パソコンの普及にみられるように，以前には必要なかった技能が社会に出てから必要となる場合も生じてきている。技術革新によって新たな事実が発見されたり，新しい装置が開発されたりし，そのことによって歴史や科学の常識が塗り替えられるという状況も出てきている。社会が発展したことによって，我々人間には生涯にわたって学び続ける必要が生じてきたのである。

このような観点から，社会教育は生涯にわたって継続して行われる学習活動としての性格を帯びるようになった。そこで出てきたのが「生涯教育」「生涯学習」という考え方である。

2）生涯教育論の登場

1950年代のアメリカでは，「生涯学習（life-long learning)」の必要性が説かれていたが，生涯教育（life-long education）の概念が広がったのは，1965（昭和40）年12月，パリのユネスコ（国連教育科学文化機関）本部で開催された「第3回成人教育推進国際委員会」で，当時ユネスコの成人教育部

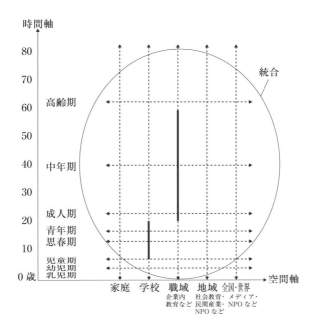

図5－1　生涯学習における垂直的統合と水平的統合のイメージ
（出典　小池源吾，手打明敏編著：生涯学習社会の構図，福村出版，2009，p.13）

長であったポール・ラングラン（Lengrand, P.）が「"éducation permanente"（永続教育について）」というワーキング・ペーパーを出したことによる。

　ラングランは教育が人生を通じて行われるものであり，個人と社会の生活全体にわたって構造的に統合されるべきであると提案した。これを受けて同委員会は，それまでの学校中心の教育観を問い直し，誰もが生涯にわたって教育を受けることのできる教育システムの再構築を主張した。そこでは，一生涯にわたるという時間軸（垂直的）と個人の人生や社会のあらゆる場面を含むという空間軸（水平的）の統合が目指されている（図5－1）。つまり，ライフステージに合わせた教育や学習の機会が適切に整備され，さまざまな場所で多様な教育機会が体系的に用意されていることが必要であると考えられたのである。

我が国でもこの生涯教育の理念を受け，1971（昭和46）年に社会教育審議会が「急激な社会構造の変化に対処する在り方について」という答申を出している。この中で，生涯教育において特に社会教育が果たす役割が大きいことを指摘している。さらに1981（昭和56）年には，中央教育審議会が「生涯教育について」という答申を提出し，生涯教育の観点から教育体系全体を総合的に整備することを提起した。

3）生涯教育から生涯学習へ

　ユネスコは当初，生涯学習ではなく，生涯教育というタームを使用していた。1976（昭和51）年の「成人教育の発展に関する報告書」では，生涯教育と生涯学習を併記していたが，1996（平成8）年の21世紀教育国際委員会からの報告書 *Learning : The Treasure Within*（邦訳『学習・秘められた宝』）では，生涯学習こそが21世紀の扉を開くカギであるとし，教育の4本柱として，「知ることを学ぶ（Learning to know）」「為すことを学ぶ（Learning to do）」「共に生きることを学ぶ（Learning to live together）」「人間として生きることを学ぶ（Learning to be）」という概念を提示した。この生涯を通じた学習は，新たな概念である生涯学習社会と結びついている。

　ユネスコが生涯学習を教育改革の指導原理として打ち出していくにつれ，生涯学習のコンセプトは世界各国で政策的に重要視されるようになり，教育改革の重要な枠組みとなっていった。我が国でも1984（昭和59）年をはじめとする臨時教育審議会答申から，生涯教育ではなく生涯学習というタームだけが使われるようになる。

　その理由は，学習者の視点から課題を明確にするために「生涯教育」ではなく「生涯学習」という用語を用いることにした，とのことであるが，同審議会が1985（昭和60）年に提唱した「生涯学習体系への移行」では，生涯教育と生涯学習とが概念上，混用されているきらいが強いとの指摘もある[2]。学校教育中心の教育制度を見直し，生涯学習体系へ移行させるため，社会における学習機会の整備や各種教育機関相互の連携などが検討課題とされているが，それらはむしろ教育を提供する側である生涯教育の課題であろう。

第5章　社会教育と生涯学習　　55

　しかしながら，同審議会の意向にそって，制度としては「生涯学習」という
うタームで統一されていくことになる。したがって，現在我が国で使われて
いる「生涯学習」という概念は，生涯学習の支援・援助としての教育という
側面をも含みこんだ概念と捉えることができる。

2．社会教育と生涯学習の法制度

（1）教育基本法における社会教育と生涯学習の位置づけ

　戦後制定された教育基本法を受けて，社会教育法，図書館法，文化財保護
法，博物館法などが制定され，社会教育制度が整備されてきた。それととも
に行政の関与する社会教育の範囲が限定されていくことになる。

　社会状況の変化に伴い，2006（平成18）年に教育基本法が改正されたが，
社会教育の取り扱いは大きく変わっている。戦後制定された教育基本法にお
いて社会教育の中に含まれて定められていた家庭教育が独立して定められ，
新たに生涯学習についても定められたのである。特に生涯学習は，「第1章
教育の目的及び理念」の中にその理念が規定され，我が国の教育の重要な概
念として位置づけられていることがわかる。

> 第3条　国民一人一人が，自己の人格を磨き，豊かな人生を送ることができる
> よう，その生涯にわたって，あらゆる機会に，あらゆる場所において学習す
> ることができ，その成果を適切に生かすことのできる社会の実現が図られな
> ければならない。

　こうした生涯学習の理念に基づき，「第2章　教育の実施に関する基本」の
中で，家庭教育，幼児の教育に続いて，社会教育について定められている。

> 第12条　個人の要望や社会の要請にこたえ，社会において行われる教育は，
> 国及び地方公共団体によって奨励されなければならない。
> 2　国及び地方公共団体は，図書館，博物館，公民館その他の社会教育施設
> の設置，学校の施設の利用，学習の機会及び情報の提供その他の適当な方法
> によって社会教育の振興に努めなければならない。

これより，社会教育は国及び地方公共団体によって奨励・振興されるべきことが規定されている。これは基本的には戦後成立した教育基本法の内容を引き継ぐものである。

以上から，教育基本法では，生涯学習社会を実現するために具体的になされる教育として学校教育・家庭教育・社会教育を位置づけているとみなすことができる。特に，社会教育では，生涯学習の理念である「その生涯にわたって，あらゆる機会に，あらゆる場所において学習する」ことが実現されるために，条件整備をしていくことが期待されている。

（2）社会教育・生涯学習に関する法制度
1）社会教育に関する法制度

社会教育に関しては社会教育法（1949〔昭和24〕年制定）に定められている。「この法律において『社会教育』とは，学校教育法又は就学前の子どもに関する教育，保育等の総合的な提供の推進に関する法律に基づき，学校の教育課程として行われる教育活動を除き，主として青少年及び成人に対して行われる組織的な教育活動（体育及びレクリエーションの活動を含む。）をいう」（第2条，2012〔平成24〕年改正）と定義され，教育基本法を受けて国・地方公共団体による社会教育に対する援助や市（区）町村の教育委員会が具体的な事務を行うことを規定している。

市（区）町村の教育委員会が行う具体的な事務としては，社会教育に必要な援助を行うこと，公民館・図書館・博物館等の設置・管理に関すること，各種講座等の開催・運営に関すること，社会教育資料の刊行や配布，必要な施設や器材，資料の提供に関することのほか，情報交換や調査研究なども行うこととなっている。

また，都道府県及び市町村の教育委員会の事務局に社会教育主事を置いて，社会教育を行う者に対し専門的技術的な助言と指導を行うことを定めている。

社会教育施設に関しては，公民館について社会教育法で定められており，

図書館は図書館法，博物館は博物館法により定められている。他の社会教育施設としては，青年教育施設（青年の家，青少年野外活動センター，ユースホステルなど）や少年教育施設（児童文化センター，少年自然の家，児童館，児童公園など）のほか，視聴覚ライブラリー，婦人会館，体育・スポーツ施設などがある。

　社会教育事業には青少年教育，成人教育，高齢者教育のほか，男女共同参画学習や家庭教育支援，人権教育，学校教育と社会教育の連携，奉仕活動・体験活動の推進や子どもの読書活動の推進などがある。

2）生涯学習に関する法制度

　行政では，住民の生涯学習を支援するために生涯学習推進体制をつくっている。地方公共団体では，生涯学習推進本部，生涯学習審議会，生涯学習センターなどの整備が行われている。

　1990（平成2）年に「生涯学習の振興のための施策の推進体制等の整備に関する法律」（生涯学習振興法）が制定され，生涯学習の振興に資するために都道府県教育委員会が必要な整備を図り，事業を行っていくことが定められた。また，都道府県の役割として，民間事業者の活用を視野に入れた地域生涯学習振興基本構想を作成することなどを定めている。

　実際には，教育委員会の社会関係部局が所管していたり，社会教育部が生涯教育部に改められたりしており，生涯学習に関する事業・施設としては，社会教育と重なる部分も多い。しかし，生涯学習振興法で民間事業者の活用に言及されているように，生涯学習ではカルチャーセンターでの学習やNPOによる学習，資格取得に関する学習なども含まれる。

　また，生涯学習を通して地域のまちづくりを推進するという事業もある。これは地域の特性を生かした個性豊かな事業が展開されるように，都道府県の指導のもとに市町村の生涯学習を振興することをねらいとしたもので，まち全体で生涯学習を進めるための事業に取り組むことになる。

3．社会教育・生涯学習の現状と課題

（1）我が国の生涯学習論の特徴と課題

　藤村によると，生涯学習の思想は3つの系譜に分けられる[3]。

　第1に，ラングランの生涯教育論に代表される教養教育型の生涯学習である。個々人の人生が豊かで充実したものとなることを目指し，個人の尊重，他者の尊重を旨とし，人類の発展のための教育の在り方を追求するものである。

　第2に，リカレント教育論にみられる継続職業訓練型の生涯学習である。リカレント教育（recurrent education）とは，1973年にOECD（経済協力開発機構）のCERI（教育研究革新センター）が出した教育構想である。リカレント教育が目指す生涯学習は，社会の急激な変化に対応するための新たな知識・技能の獲得であり，生涯のうちに教育，労働，余暇を繰り返すことでより高い教育を受けられることを目指す。社会人が再度大学で学べるようにするなどのリカレント教育を実現するためには，教育制度や社会制度の改革も必要であるし，有給教育休暇制度など雇用形態や労働条件に関わる改善などが求められる。

　第3は社会変革型の生涯学習である。ラングランに代わってユネスコの成人教育部長になったジェルピ（Gelpi, E.）は，それまでの先進国中心の思想に対し，第三世界や移民労働者，少数民族や女性など，社会の中で抑圧された人々が自主性・自己決定権を取り戻すことが重要であると主張し，1985年のユネスコ第4回国際成人教育会議の「学習権」の考え方に引き継がれている。

　この3つの系譜を我が国の生涯学習論と照らし合わせると，第3の社会変革型の生涯学習論が欠如していることがわかる。文部行政による生涯学習論は自己実現を目指していたが，生涯学習行政の公共性が問われることとなり，現在は「まちづくり」へと転換してきている。一方で，一般行政では

OECDのリカレント教育論を受けて，職業教育訓練としての生涯学習施策が進められている。

社会変革の生涯学習論は，今ある社会を見直し，本当の意味で「あらゆる人々」が豊かに生きるための視点を示すものと考えられる。今後我が国でこの生涯学習論を理解していくことが重要な論点となることを藤村は指摘している。

（2）生涯学習社会における自己主導的学習能力の育成

生涯学習社会は，人々がその生涯にわたって，自らの自由な意思に基づき，自主的・自発的に学び続ける社会を想定している。しかしながら，実際には学校教育を終えたすべての人が積極的に学び続けるとは考えにくい。小池が指摘しているように，学習活動を自発性に任せているだけでは，生涯学習社会はむしろ，教育の格差や社会的な格差を再生産してしまうことになりかねない[4]。

生涯学習社会を実現させるためには，単に学習の機会を提供するだけでな

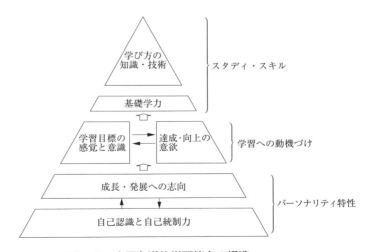

図5－2 自己主導的学習能力の構造
（出典 小池源吾，手打明敏編著：生涯学習社会の構図，福村出版，2009，p.38）

く，学習への意欲や動機づけなど，学習参加を促す働きかけが必要なのである。生涯学習社会では，その前提として，自ら学ぼうとする意欲や自分自身を学習に導く力である「自己主導的学習能力」（図5－2）が必要である。これは「自己教育力」「自己学習能力」などと呼ばれる場合もあるが，それは自然に身につくものではない。そこで，生涯学習社会では，学校教育において「自己主導的学習能力」を育成することが求められるのである。学校現場でどのようにして「自己主導的学習能力」を育成するかは，生涯学習社会の実現にとって大きな課題であろう。

（3）生涯学習社会の構築に向けて

　生涯学習社会は1つの理念であり，現在その実現に向けてさまざまな取り組みがなされている。社会教育は，その具体的な実現のために再構築されなければならない。その際に必要となるのは，家庭教育や学校教育との連携である。

　生涯学習そのものはすでに個人レベル・集団レベルで行われている。これが社会レベルで行われるようにしていくためには，ラングランらが提唱したように，教育というものが学校教育を中心としているという教育観や人生観を，多くの人々が転換させていく必要があるだろう。学校とは何か，教育とは何か，人生とは何か，といった問い直しも必要になってくると考えられる。それを社会教育の範囲内で考えるのではなく，広く学校教育や家庭教育の現状や課題を踏まえながら，ともに考え，実践していくことが大切ではないだろうか。

　例えば，現在行われている子育て支援は社会教育に分類されるが，これは家庭教育の問題に社会で取り組んでいることになる。個々の家庭を支援するという視点だけでなく，社会として，どのような教育体制をつくり，子育てに関する学習の機会を提供していくのかという視点をもつと，その取り組み内容はより充実していくことになるだろう。

　社会教育をいかに再構築していくかがよりよい生涯学習社会構築の鍵にな

る。私たち一人ひとりが社会や教育について考えることがその第一歩となる
だろう。

■引用文献
1）岸本幸次郎編：社会教育，福村出版，1987，pp.14-19
2）佐々木正治編著：生涯学習社会の構築，福村出版，2008，pp.12-13
3）藤村好美：小池源吾，手打明敏編著：生涯学習社会の構図，福村出版，2009，pp.9-23
4）小池源吾：前掲書3，p.38
■参考文献
・秋山和夫，森川直編著：教育原理，北大路書房，2001
・池田秀男編：社会教育学，福村出版，1990
・岸本幸次郎編：社会教育，福村出版，1987
・国生寿，八木隆明，吉富啓一郎編著：新時代の社会教育と生涯学習，学文社，2010
・小池源吾，手打明敏編著：生涯学習社会の構図，福村出版，2009
・佐々木正治編著：生涯学習社会の構築，福村出版，2008
・生涯学習・社会教育行政研究会編集：生涯学習・社会教育行政必携（平成22年版），第
　一法規，2009
・坪田護，佐藤晴雄：社会教育と生涯学習，成文堂，1995
・ポール・ラングラン／波多野完治訳：生涯教育入門　第一部，全日本社会教育連合会，
　1990

推薦図書

ポール・ラングラン／波多野完治訳：生涯教育入門（第一部），全日本社会教育連合会，1990 年

　本書は生涯教育を提唱したポール・ラングランが 1970 年の国際教育年を記念して出版したものです。その後の世界の教育に影響を与えていくことになる生涯教育・生涯学習の基本文献であり，生涯教育の意義・目標・方法などについて書かれています。ラングランはまず，現代社会の状況を分析し，「現代人に対する挑戦」と題して，さまざまな角度から現代人が直面している課題を提示しています。本書が書かれてからすでに 50 年が経過しましたが，社会の課題の基本的な構造は変わっていません。本書を読むことで生涯教育・生涯学習の必要性とその方向性をより深く理解することができるでしょう。

小池源吾，手打明敏編著：生涯学習社会の構図，福村出版，2009 年

　生涯学習は我が国でも重要な概念として定着しつつありますが，実践レベルでは教育面だけでなく，福祉，経済，環境など，さまざまな分野から注目され，実践されており，政策上の重複や連携の必要性などの課題が出てきています。本書はそれらの問題が「生涯学習のグランドデザインの不在」にあるという立場に立ち，生涯学習のこれまでの成果を理論と実践の両面から把握するととともに，最新の研究成果を踏まえた生涯学習社会の展望について示しています。基本的な概念の整理から，最新の実践・理論まで，生涯学習について幅広く網羅しており，今後の生涯学習社会構築のために大いに参考になることと思います。

第Ⅰ部 子どもの教育の基礎理論

第6章
カリキュラム—教育実践の基礎理論

1. カリキュラムとは何か

(1) カリキュラムの捉え方

カリキュラムとは,もともとラテン語で「走路 (currere)」を語源とするスタートからゴールまでの辿るべき道筋を示すものである。現在では,「履歴書 (curricuram vite)」という用法に派生していることからもうかがえるように,人生の来歴を含意する言葉でもある。日本語では「教育課程」という言葉があてられる。

さて,カリキュラムと聞いてどのようなイメージを思い浮かべるだろうか。学習指導要領・保育所保育指針など制度化された教育課程や,年間指導計画や時間割など学習に先だって定められた計画(プラン)を想像する方が多いかもしれない。佐藤 (1996) は,このような固定的なカリキュラム観から脱却し,相対化する必要があるとして以下の3つの観点を挙げている[1]。

第一に,教師自身が構想するカリキュラムに着目し,具体的な実践場面における教師の意図,解釈を重視することである。明示化されたカリキュラムだけではなくて,実践場面の教育的な営みの背後には,教師の教育観や子ども観,教材観などが反映されている。その背後にある教師の戸惑い,瞬時の判断や見通しなどもカリキュラムの射程に入れるべきであるという。

第二に,カリキュラムを教室で引き起こされる子どもの学習経験の総体として理解し,学習の実相に即して検討することである。このような観点に立

ちカリキュラムを捉え直すためには，子どもの学習経験は教師が予測する以上に多様であるという認識が必要となる。つまり，教師が教えたことが，そのまま子どもの学習経験につながるといった学習観を排するのである。子どもは，与えられた教育内容や教育目標，教師の意図といったものを超越する存在であり，独自に価値や内容を経験し学ぶ存在として位置づけ直す必要がある。

　第三に，子どもと教師の創造的な経験の手段と所産としてカリキュラムを位置づける必要がある。カリキュラムは完成された固定的な計画ではない。むしろ，教師と子どもが教材の価値と意味を発見し合い，交流し合う活動から生成される，創造的な教育経験としてカリキュラムを理解するのである。

　このような観点に立つと，カリキュラムは教師と子どもが創造する教育経験の総体，学びの経験の総体として定義づけることができる。「競走路」を語源とすることを踏まえるならば，教師と子どもの教育・学習経験の「旅路」のイメージに置き換えることができるだろう。

（2）仮説としてのカリキュラム

　カリキュラムを教師と子どもが創造する教育経験と学習経験の総体として考えた場合，教育・保育においては避けがたいパラドクスが生じてくる。カリキュラムを作成する段階は年度末，あるいは年度始めであることが多い。しかしながら，この段階では個別的な子どもの様子や姿は見えていないことがほとんどである。さらにいうならば，カリキュラムとは実際の授業や保育の前に作成されるものである。つまり，未だ見ぬ子どもたちの姿を見通しながら，学習主体である子ども不在のまま，カリキュラムを構成しなければならないのである。

　このようなことから，実際作成したカリキュラムと現実の子どもの姿が異なることがしばしばある。この場合，臨機応変にカリキュラムを修正・更新していく必要があるだろう。

　先述のように，子どもの学習経験の総体がカリキュラムであるとするなら

ば，学校で経験したことが明日の学習を形成する大きなきっかけになっているはずである。このことからも，カリキュラムは日々更新され，修正される動的なものでなければならない。その意味で，カリキュラムは子どもの学習経験を見通した仮説としての側面があり，実践した上でその仮説を検証（評価）する必要がある。

　また，保育カリキュラムについて，加藤（2007）は保育のもつ「即興性」「柔軟性」「一回性」を原則に創出されるとして，これらの保育者と子どもの関係性と保育計画を関連づける重要性を指摘している。また，「保育カリキュラムは保育実践の展開過程における『計画と実践の総体』を表現する言葉である」[2] としており，カリキュラムは計画と実践を併せもった性格であるとしている。

2．カリキュラムの類型

（1）教科カリキュラム

　教科カリキュラムとは，伝統的に重要視されてきた知識や，教育内容としての教科に沿って構築されたカリキュラムのことを指す。教えるべき教育内容を体系的に整理し，それを直接子どもに伝えることが前提になる。子どもに教えるべき内容が規定されていることが前提となっており，「教科ありきのカリキュラム」なのである。このような教科カリキュラムは，教科という枠組みを基礎とするために，子どもの興味・関心などは軽視される傾向にある。はじめに教科ありきで始まるために，どうしても子どもの関心を無視した，暗記中心で知識偏重のカリキュラムであると批判されるのである。

　他方で，教科カリキュラムは系統的に教育内容が配置されており，学習内容の連続性や関係性が理解しやすいように工夫されている。また，教えるべき内容が明確であるため，評価の観点が定めやすい。カリキュラムにおいて，評価の観点がはっきりしているということは大きな利点といえる。

（2）経験カリキュラム

　子どもが体験する個別具体的な経験によって構築される教育課程を経験カリキュラムと呼ぶ。子ども自身の興味・能力・実際の生活経験などに基づくカリキュラムのことである。デューイ（Dewey,J.）の考え方を基礎とするこのカリキュラム論は，経験主義の伝統を踏まえている。「なすことによって学ぶ」ことを重視するため，教科カリキュラムと異なり，体験学習，問題解決学習，実験・実習が中心となる。

　19世紀から20世紀のアメリカにおいては，教科書法とよも呼ばれるように，教科書の編集内容に従って教科カリキュラムが作成されていた。実証主義的な研究を行い，そこから帰納的に教育目標と教育内容を規定しようとしたのである。このような子ども軽視の教科カリキュラムに対する批判を受け登場するのが経験カリキュラムである。

　経験カリキュラムの特徴は，子どもの興味・関心に沿ってカリキュラムが構成される点にある。また，生活や環境を重視する。そして学習者である子ども同士の協同的な参加に基づき学習が進んでいく。このように，学習者自らが学習内容を選択し，一般的な価値や知識の習得というよりも，個人的な意味の生成が重視されるのである。経験カリキュラムの系譜としては，児童中心主義カリキュラムやエマージェント・カリキュラム等が挙げられる。

　デューイの愛弟子であるキルパトリック（Kilpatrick,W.H.）は，その理論を具体化し「プロジェクト・メソッド」という方法を開発した。問題解決型学習の典型であり，生徒が計画し，実際の生活において達成可能な目的をもつ活動に基づく教育方法といわれる。日本でも大正期に導入され，及川平治等により新教育運動が展開した。現在でも，ホーム・プロジェクトや総合的な学習に生かされている。

（3）統合カリキュラム

　これまで整理してきた教科カリキュラムと経験カリキュラムとの中間的な位置づけの教育課程を統合カリキュラムと呼ぶ。

我が国では，第二次世界大戦後の教育改革において，戦前の教科カリキュラムに対する批判から経験カリキュラムが注目を浴び，1940年代後半からコア・カリキュラム連盟を中心としてカリキュラム改革運動が起こった。

コア・カリキュラムとは，教育課程の編成において，その全体構造の中に「中心」となる課程（core-course）を置き，その他の部分もその中心との関連の中で構成される編成方式のことである。中心に対して「周辺」課程は，「中心」となる課程の基本的な知識・技能の学習を位置づけられる。

コア・カリキュラム連盟が提唱した，カリキュラムの全体構造は，社会科的な生活単元学習の系列をコアとして，それと関連する基礎的な知能・技能の学習を「周辺」課程として位置づける二課程編成による統合カリキュラムであった。その後，社会科的な生活単元のほかに，子どもの生活実践活動などの重視により相対化され，以下のような三層四領域論による教育課程が編成される。すなわち，①子どもの日常生活の実践課程，②探究的な問題解決過程，③その基礎としての知識・技能の系統的な学習という三層。そして，学習内容を身体，自然，社会，表現の四領域に区分した。

今日でいう総合的な学習の時間や生活科なども，教科にとらわれないという意味で子どもの体験を重視した統合カリキュラムといえるだろう。

このようなコア・カリキュラムをはじめとする統合カリキュラムは，おおむね「教科か経験か」という二項対立における折衷案としての色彩が強い。ここで難しいことは，どのようなバランスでカリキュラムを編成するかという点である。コア・カリキュラムに対しては，社会的要請による教育内容の過度な操作主義による編成に対して批判がなされてきた。教科を中心とした知識・技能の教育課程と，子どもの生活実践に根ざした経験重視の教育課程のバランスをとることが重要になってくるのである。

（4）潜在的カリキュラム

カリキュラムを「学習経験の総体」として捉えるとき，顕在−潜在という基準でカリキュラムを類型化することができる。目に見える形で，明確に言

明されるようなカリキュラムを顕在的カリキュラムという。それに対して，目には見えにくく潜在的に伝達・受容されるカリキュラムを潜在的カリキュラム（hidden curriculum: 隠れたカリキュラム）と呼ぶ。学校は，その独自の文化の中で，明示化された文化の伝達とともに，明示化されていない「隠れた文化」をも伝達する機能を果たしているのである。例えば，性役割や地位の再生産などは，隠れたカリキュラムとして機能する例であろう。

　ジャクソン（Jackson,P.W.）は『教室の生活』（1968）の中で，人間形成における学校教育の政治的なイデオロギー機能について喚起した。これは，学校が1つの社会装置として機能していることを意味している。また，潜在的カリキュラムを構成する要素として，学級が子どものパーソナリティや態度形成に影響を与える集団（crowds），学校のもつ評価機能である報酬（praise），教師に付与されている権力（power）の3つを挙げている。これらの要素が，潜在的に学ぶべき内容を示し伝達されていくと考えたのである。

　このような潜在的カリキュラムは，「教えられる内容」から「学ばれる内容」への視点の移行ともいえる。正規の教育課程とは別に，子どもが暗黙裡に学び取っているカリキュラムの重要性を指摘したのである。

　教室では，椅子に座り静かに先生の話を聞くことが求められる。勝手に立ち歩くことは許されず，私語は厳禁である。このように，教室ではある程度「我慢すること」が求められる。あるいは，先生から評価を受けるための立ち居振る舞い，失敗への言い訳，教師との折り合いのつけ方などの交渉技術まで習得しているとも考えられるのである。

　教科カリキュラムに代表される伝達されるべきものとは異なる潜在的カリキュラムは，教師や学校が意図していなかった学習結果として捉えることもできる。他方で，子どもたちの間に望ましくない学習の構えを生むことがある。以上のことからも，顕在化したカリキュラムと潜在的カリキュラムは表裏一体であることが理解できるだろう。潜在的カリキュラムを可視化することによって，顕在化している教育内容や環境構成の改善につなげていく必要があるだろう。

3．教育の方法—指導法の具体例

（1）ドルトン・プラン

　ドルトン・プランとは，アメリカ・マサチューセッツ州ドルトンの高校で組織的に実践された授業形式で，パーカースト（Parkhurst,H.）によって「実験室案」として考案されたものである。

　ドルトン・プランの基本原理は以下の2点である。第一に，社会の中での自由を重んじた。学校全体がコミュニティとしての機能をもつように組織化し，そこでは社会生活と同じ原理で運営される。社会から得られる自由を第一原理とした。第二に，社会生活での協同と相互作用を第二原理とした。生徒同士の自治を重要視し，協同的な学習が奨励された。

　具体的には次の特徴がある。①教科を主要教科と副次教科の2群に分け主に前者を適用する。②教科ごとに実験室を設置し，その教科の参考書や教具が準備される。また，教科専門の教師がいる。③学習は生徒と教師の契約仕事として行われる。その仕事の配当表をアサインメントと呼び，教師間の協力により1か月単位で作成される。④細かな日課と時間割が決められる。⑤毎日の教科別進度を記入するグラフが生徒用と教師用の2種類ある。

　このような性格をもつドルトン・プランは，主知主義的な教科カリキュラムであること，さらに，個人差や個別の仕事の強調，生徒相互の社会的関係の軽視などと批判された。新教育運動の流れの中で多くの国に影響を与え，我が国では成城学園の実践に受け継がれることになる。

　ドルトン・プランは，一斉教授型の形態に対して，子どもの自主性の尊重，個別指導教育の可能性を実践的に行い，その可能性を示すものであった。

（2）モリソン・プラン

　アメリカの教育学者モリソン（Morrison,H.C.）が理論化した学習指導方法としてモリソン・プランがある。彼がシカゴ大学付属実験学校の主任とし

70 第Ⅰ部 子どもの教育の基礎理論

て，より系統的な教授課程の分析を続けた。その概要は，『中等学校の教授実践』(1926) にみることができる。

モリソン・プランは，子どもが文明社会への適応性を獲得することを主たる目的としている。このプランでは，教育内容の習得のために「マスタリー方式（mastery formula)」と呼ばれる以下の4つの過程が用意されている。①生活単元の既存部分を調べる（事前テスト），②学習が必要な部分，③各生徒の習熟度を明らかにする（結果テスト），④十分にマスターできていない生徒各自に応じた教授が必要である。

また，モリソンは教科をその性質により5つのタイプに分けている。①科学型（数学，国語，理科，歴史，社会科，家庭科など)，②鑑賞型（音楽，美術，道徳等)，③言語（話し方，作文等)，④実技（技術，調理，被服製作，実験技術等)，⑤純然練習（歩行，外国語，綴字，計算などの反復練習）である。このうち，モリソン・プランは科学型の教授に適用されることが多い。科学型教科の各単元は以下の5段階の教授過程が用意されていることも特徴である。探求，提示，理解，組織化，発表。このような段階教授法は，伝統的なヘルバルト派の理念が基礎となっていると考えられる。また，伝統的教科を教育内容としている点で，当時のカリキュラム改革の中では保守的なカリキュラムとして位置づけられる。他方で，問題解決学習，プロジェクト・メソッドなどとの共通点が見いだせる。

（3）ウィネトカ・プラン

ウィネトカ・プランは，1919年，アメリカ・イリノイ州ウィネトカの教育長であったウォッシュバーン（Washburne,C.W.) による小学校での実践に端を発している。保守的な教科による一般共通科目「コモン・エッセンシャルズ」と「創造的集団的活動」を中心とする二重構造をもつ実践である。

「コモン・エッセンシャルズ」は，読み書き算数や地名・人名などの知識や技能のことである。これらは一斉授業ではなく，子どもの自学自習を基礎

として教科ごとに進級する。個別化の第一段階である。第二段階では，完成診断テスト（complete and diagnostic test）を作成する，①その単元の細かな点もすべて含むこと，②子どもの弱点を明確に診断すること，③客観的ですぐに訂正できること，④その子どもの弱点に応じた練習用教材を指示すること。この4点を満たすテストを行うのが第二段階である。第三段階では，子どもが自習できるような練習帳を作成する。自ら自己採点と訂正ができるように解答を掲載し，どの部分を学習すべきかを指示しておく。

「創造的集団的活動」は，原則としてクラス単位で行われ，その目的は集団精神，独立心，身体的調和，感情統制，音楽・芸術・文学・自然美を愛する心，独創性，自己表現能力などの育成である。とりわけ，個別活動ではなく，集団の中での仲間との協力が重視される。主な活動としては，討論，プロジェクト，自治，劇化，手工，芸術，体育などである。子どもの意欲や興味を最大限に尊重する点も「創造的集団的活動」の大きな特質である。

このようなウィネトカ・プランに対しては，以下のような批判がある。第一に，「コモン・エッセンシャルズ」の内容とその配列が数量的に規定されているため，子ども一人ひとりの興味や経験などが考慮されていない。第二に，「コモン・エッセンシャルズ」と「創造的集団的活動」との関連性がない。そのため，「コモン・エッセンシャルズ」で学習したことが，社会生活の中での問題解決にどのようにつながるかが不明な点にある。

（4）イエナ・プラン

ドイツの都市であるイエナは，19世紀から20世紀にかけて，教育学研究の中心として知られることになる。世界に知られる大きな役割を果たしたのが，イエナ大学の附属学校で実施された教育計画イエナ・プランである。イエナ・プランは，教育計画であり単なるカリキュラムやプランではないことに注意したい。

イエナ・プランの理論的な指導をしたのがペーターゼン（Petersen,P.）である。その著書『一般教育科学』，『授業指導論』などからイエナ・プランの

理論および実践をくみ取ることができる。イエナ・プランの特徴として以下のような点が挙げられる。

① 年齢別学年の廃止と，それに代わる基幹集団の編成。

② 教育課程の特徴は，以下の6項目。基礎学習課程，自然科学系・文化系集団活動，造形学習，選択課程，宗教，行事・自由活動，体育その他。

③ 教育方法としては，自己教育を基本として，熟慮，思索，信仰，祈りなど。また，他者との交流形態として，談話，遊技，労作（作業），祝祭行事などが挙げられた。

このような特徴をもつイエナ・プランは，第一次世界大戦後の新教育運動の興隆と時期を同じくする。その思想は，人間中心主義であり，学校教育における個性と社会性の統合を目指したものであるといえる。

このようなイエナ・プランは1949年にイエナ大学附属学校が廃止されたことで幕を閉じることになる。現在では，オープンスクールや無学年制などにその影響をみることができる。また，1950年代から，オランダのスース・フロイデンタール・ルター（Suus Freudenthal-Lutter）がイエナ・プランに着目し，現在では大きく発展してきている。

4．カリキュラム開発

（1）カリキュラム開発

1920年代から30年代に，アメリカにおける州のカリキュラム改訂運動の中で，「カリキュラム開発（curriculum development）」という概念が広く使用されるようになった。

1935年のキャズウェル（Caswell,H.L.）とキャンベル（Campbell,D.S.）の共著『Curriculum Development』がその先駆とされる。この中で，「スコープ（領域）」と「シークエンス（系列）」を分類している。「スコープ」とは，領域や単元のことであり，例えば「砂遊び」という1つの活動の中に，5領

域のうちどの領域が当てはまるかを念頭に置きカリキュラムを構成する。次に，「シークエンス」とは順序性のことであり，例えば「砂遊び」から「お風呂屋さんごっこ」に展開し，その隣で「レストランごっこ」が広がっていくという具合に活動の順序と展開を予想するのである。

　また，カリキュラム開発の古典としては，タイラー（Tyler,R.W.）の4段階が挙げられる。カリキュラムの過程は，①目的から目標へ，②教育経験の選択，③教育的経験の組織，④結果の測定という4段階で示される循環的過程であるとし，それぞれの段階の特性を明確化するべきであるとした。このタイラーの指摘を受け，教育目標を行動主義的立場から特殊化・精緻化したのがブルーム（Bloom,B.S.）の『教育目標の分類学』である。ブルームは教育目標を「認知」「情意」「運動技能」の三領域に大別し，それぞれの「達成目標」をレベルとして分類した。

（2）実践から出発するカリキュラム開発

　カリキュラム開発は，教育・保育の実践の中から出発するものでなければならない。

　本章の冒頭で取り上げた佐藤（1996）は，実践の中からカリキュラムを構成するために，以下のような段階を設定している[1]。

① 　観察と記録：子どもの学習経験の具体を，教材，教師の働きかけ，教室の場と空間に即して記録するのである。記録としては映像を含むビデオ記録を採用したり，手書きの授業記録等を参考にする。子どもの身体表現，表情，沈黙の意味など克明に記録し，次のステップである説明と記述に生かす。

② 　説明と記述：教室での出来事をできるだけ忠実に，しかも選択的に再現しつつ，事実の意味と関連を発見し，それを探究的に叙述することである。説明と記述において，多様な視点と見解を交流させることが有効である。カンファレンスなどを利用するとよい。

③ 　評価と開発：観察と記録，記述と説明を踏まえた総合的な価値判断の

74 第Ⅰ部 子どもの教育の基礎理論

活動であり，開発の方略を決める意志決定の活動である。ここでの重要な点は，マニュアル的な開発の方略を探索採用するのではなく，教師と子どもにより多様な様式と方法に具体化されうる創造的活動としてカリキュラムを開発していくことである。

　教師と子どもの教育経験・学習経験の総体としてのカリキュラムは，従来の知識と文化伝達の固定的な計画とは大きく異なるものである。あくまでカリキュラムは，教育・保育を導く仮説であり道標である。カリキュラムを絶対化して，その通り進めていく必要はない。その開発主体である教師と子ども，そして日々の実践の中から新たな意味や価値を創造できる創造的営みなのである。

■引用文献
1）佐藤学：カリキュラムの批評，世織書房，1996
2）加藤繁美：対話的保育カリキュラム・上：理論と構造，ひとなる書房，2007
■参考文献
・加藤繁美：対話的保育カリキュラム・下：実践と展開，ひとなる書房，2008
・Morrison,H.C.／武藤清訳：モリソンプラン，明治図書出版，1983
・Parkhurst,H.／赤井米吉訳／中野光編：ドルトン・プランの教育，明治図書出版，1974
・Petersen,P.／三枝考弘，山崎準二著訳：学校と授業の変革，明治図書出版，1984
・佐藤隆之：キルパトリック教育思想の研究，風間書房，2004
・Tyler,R.W.／金子孫市監訳：現代カリキュラム研究の基礎，日本教育経営協会，1978
・梅根悟：コア・カリキュラム，明治図書出版，1977

推薦図書

加藤繁美：対話的保育カリキュラム（上巻・下巻），ひとなる書房，2007・2008年

　本書は，平成 22 年度日本保育学会保育学文献賞を受賞した加藤繁美氏による保育カリキュラム論に関する文献です。保育カリキュラムを保育実践における計画と実践の総体として定義し，保育者と子どもとの対話的関係から保育を構想して展開するまでのプロセスが描き出されています。

　上巻は理論編として，カリキュラム概念の整理やその戦前からの保育カリキュラム論の歴史的変遷が整理されています。下巻は実践の展開編として，具体的な子どもの発達に応じた対話的保育カリキュラムについて議論されています。加藤氏は保育カリキュラムを創造するということは，個々の子どもの中にある「かけがえのない物語」を創造することであるとして，対話的保育カリキュラムを提唱しています。同カリキュラムは，環境構成カリキュラム，経験共有カリキュラム，生成発展カリキュラム，生活カリキュラムという 4 つのカリキュラムから構成されます。

　理論がわかりやすく整理されていることはもちろんのこと，具体的な保育のエピソードを交えながら語られており，カリキュラムを考えるうえで大変参考になります。

佐藤学：カリキュラムの批評－公共性の再構築へ－，世織書房，1996 年

　カリキュラムを考えるうえで参考となる良著です。佐藤氏は「カリキュラム」という言葉が，教師たちの中では空虚で，意味をなさないものとなっているという問題意識のもと，教師と子どもが創りだす教育実践の総体としてカリキュラムを捉え直そうと試みます。言いかえるならば，教育実践の中からカリキュラムを組み立てるための方策を示そうとしているのです。アメリカをはじめ欧米圏のカリキュラム研究の知見を整理しつつ，いかにして教育実践の創造とカリキュラムの構成を結びつけていくのかについて多様な視点から議論しています。

　さらに，本書の特徴としてカリキュラムの背後にあるパラダイムやメタ概念を整理している点にあります。ポストモダン，社会，文化，公共性，個性，社会，共同体，イデオロギーなどカリキュラムを構成するうえで，私たちが暗黙のうちに参照しているであろうメタ概念を概説し相対化することで，これまでの「カリキュラム」観を脱構築しようとしているのです。カリキュラムだけでなく教育，学校教育を考えるうえでも参考になる 1 冊です。

第Ⅱ部 子どもの教育の歴史と現在

第7章
子ども観と教育観の変遷

1. 古代・中世の子ども観・教育観

　古代から中世にかけては，アテネの思想にみられるように心身の調和のとれた発達が目指され，教育は青年を中心とした自由学芸などの教育や，幼少期からの習慣形成などとして議論された。この時代の思想は，人間形成のための手段としての教育について考える原点となっている。

（1）古代ギリシャ・ローマの子ども観・教育観
　教育がどのように考えられてきたかを省みるとき，現在へと続く教育観の変遷の基盤として，しばしば古代ギリシャの教育が挙げられる。自由民と奴隷からなる古代ギリシャの都市国家では，都市国家が独自の法や習慣の下で国家の繁栄や存続に関わる重要事項として教育を行っていた。
　都市国家の1つであるスパルタでは，軍事的な事項が重視されていたために，強い身体に勇気を兼ね備えた勇敢な兵士を育てるための教育が行われ，強い子どもを産むことを目的として女性に対しても教育が行われていた。生まれた子どもは家庭ではなく都市国家のものであり，誕生すると長老たちによって選別され，健康に育たないと判断されると捨てられたほか，7歳以降は公的な施設で共同生活をしながら，強い兵士を育てるための教育が行われた。
　一方でアテネでは，兵士としての優秀性だけにとどまらない心身の調和的

発達が目指された。教育は自由民の男性だけのものであり，討論と弁証を通じた知識や学問の習得，音楽による情操教育，体操による均整のとれた身体の形成などが行われた。アテネでは商業の発展に伴ってソフィストと呼ばれる教師たちが登場したが，その相対主義的な思想は旧来の価値基盤を破壊する側面があり危険視されていた。ソクラテス（Socrates：B.C.469頃〜B.C.399）は，はじめソフィストの1人とみなされていたが，産婆術と呼ばれた対話問答法を用いてアテネの若者の教育に尽力した。産婆術は「論破」と「助産」からなり，まず対話によって行き詰まりに陥れ無知の知を自覚させることで，正義や徳などを知らないということを自覚させ，それによって若者をより正しい知識を得ようという努力へと導こうとするものであった。

また，ソクラテスの弟子プラトン（Plato：B.C.427〜B.C.347）は，理性に基づく知恵，気概に基づく勇気，欲望に基づく節制の3つの徳を調和的に身につけることによって，知恵の徳の支配による正義を実現しようとした。ソクラテスが正義や徳についての無知の自覚に焦点を当てたのに対して，プラトンは絶対的真理（イデア）の実在を主張し，その追究と認識を目指した。プラトンは，アカデメイアという学園を開き教育を実践したほか，17歳までは文芸，音楽，造形美術，体育，17歳から20歳では体育と軍事，20歳から30歳では算術，幾何，天文，音楽，30歳から35歳では弁証法を学び，世俗で軍事や政治に携わった後に，適性のあるものだけが善のイデアの研究を行うと，善のイデアの探究まで踏まえた長期的な教育を計画した。

アカデメイアにてプラトンの下で学んだアリストテレス（Aristotle：B.C.384〜B.C.322）は，マケドニアの王子アレキサンダーを教え，後にアテネに戻るとリュケイオンを開き，観照的な活動を理想とした教育を行った。アリストテレスは，若者の頃から徳への正しい誘導を受けるためにはそのような教育を可能にする法律の下に生き，子どもの頃から継続的に節制的な営みを続け，善い生活を行うことが必要であると，環境や習慣による人間形成力を強調した。

ギリシャの文化的遺産を受け継いだローマ帝国では，ギリシャの伝統を受

容しながらも，ローマ社会に合わせて，社会生活に役立つ内容の教育や愛国心，戦士としての教育などが重視されるようになった。

　古代ギリシャ・ローマの教育では，自由民に対して行われる青年期以降の知的な性質の強いものばかりでなく，習慣の形成などを通じた長期的な人間形成の営みを教育と考えていた。教育は複数の段階に区分され，子どもに関する独自の概念や区分は存在していたが，子どもは大人へと育てられるべきものであり，子どもの独自な価値が主張されることはないままであった。

（2）中世の子ども観・教育観

　中世世界では，ローマ帝国で後に国教として認められるに至ったキリスト教が大きな役割を果たすようになる。ここでは西方キリスト教会最大の教父と呼ばれたアウグスティヌス（Augustinus,A.：354 〜 430）の思想を挙げる。

　アウグスティヌスはキリスト教の原罪思想に基づき，幼児ですら原罪からは逃れられないとして，幼児期からの宗教教育の重要性を訴えた。しかし，アウグスティヌスは，幼児期の無知や困難を向上のための契機であり，完成の始まりと見ることで，神の恩恵を強調したのである。また，アウグスティヌスは文法学を聖書注解に有効と考えるなど，古代の伝統的な自由学芸を基盤とした宗教教育を修道院に実現しようとして，従来の教材であった古典詩の暗記の代わりに聖書や教父の著作を弁論術の教材に用いることを勧めた。神学の基礎となる論理的な訓練として，キリスト教化を経ながらも自由学芸が評価されたことで，修道院内に自由学芸の位置が与えられたのである。

　中世のキリスト教に関連した教育機関には，修道院や司教座聖堂の付属学校があった。これらの機関では，禁欲的生活を行い，肉体的世俗的欲望を克服することが求められた。中世後期には大学が誕生し，文法，修辞，弁証法の3学と算術，幾何，音楽，天文の4科からなる自由7科の教育が行われた。

　アウグスティヌスは子どもの無知を完成への契機として積極的に評価したが，こうした子ども観は中世世界では普及しなかった。また，大多数の子どもは明確に区別ができる幼児期を超えるとすぐに小さな大人として労働を行

うため，独自の時期としての子ども期が存在しなかったという主張が登場するほどに，この時期の子どもと大人の差異は明確ではない部分があった。

２．近代の子どもの発見と教育可能性と権利主体としての子ども

　近代に起こる大きな変化は，子どもの発見と呼ばれるように，自ら活動する主体であり，保護を必要としながらも大人とは異なる独自の価値ある存在として子どもが発見され，その独自性を踏まえた教育を模索してきたことに表れている。環境を整え見守る教師，直観や事物を通じた時期に合わせた教育，思考や学習の形態としての活動や遊びの発見や理論化などは，子どもを自ら成長していく力をもつ独自の存在として見守る温かいまなざしの中で行われてきた。子どもの捉え方は個々の論者によってさまざまであるが，ルソーの論じた理想化された子どもは，教育者を励まし，子ども中心の理論の成立に貢献した。

（1）近代教育学の成立
　近代の子ども観や教育観の萌芽はすでにルネサンス期に表れている。ルネサンスの教育はギリシャの自由教育の発展であり，宗教，古典，弁論の教育を通じて個人の人格の調和的発達を目指すものであった。ルネサンス期の著名な人文主義者であるオランダのエラスムス（Erasmus,D.：1466?～1536）は，貴族などの上流階級の男子を対象とした教育について論じている。そこには，古い教え込みの思想だけでなく，体罰を否定し，遊びを学習に取り入れ，幼い子どもには特別な配慮を必要とするなど，すでに後の子ども観や教育観の先がけがみられる。
　近代教育学の成立は，モラヴィアに生まれたコメニウス（Comenius,J.A.：1592-1670）にみることができる。コメニウスは，著書『大教授学』(1657)などにおいて近代教育の基本的な原理を体系的に示し，近代教育学の父と称されている。コメニウスの思想はキリスト教的な背景をもっているが，汎知

の思想や直観教育の重要性を認めたことによって，その教育思想は極めて近代的なものとなっていた。また，女性の学ぶべきものは信仰や敬虔，徳に関するものに限られていたものの，男女・貧富の差にかかわらず教育が必要性であると主張している。

コメニウスは，学識，徳，信仰を人間教育の目的とし，人間にはもともと知識，道徳，宗教の種が植えられているという種子説的な立場をとった。しかし，人間は神性をもたないので，単に直観のみで万物を知ることはできず，理性が五感を通じた経験によって外界にあるものを獲得する必要があるとして教育の必要性を訴えた。また，コメニウスは，人生は学習のためではなく行為のためにあるので，学習はできるだけ速やかに行われなければならないとして，わずかな労力で，愉快に着実に行える教育を探究した。教育を平易なものとするために学習の障害を取り除く，最初は既知の内容から拡張し，単純な基礎原理から1度に1つのことだけを教える，普遍的なものから特殊なものに進む，などの近代的な教育の原則はこのようにして提示されたのである。コメニウスは，6歳までの母親学校（母の膝の上），12歳までの母国語学校，18歳までのラテン語学校，24歳までの大学と24年間に及ぶ教育を4つに分けて構想して，教育や子どもに関する段階的な計画を行い，真実で確実な知識の始まりを感覚に求めて，実例を多く示して理解力を鍛えることを主張している。

コメニウスの子ども観は両義的である。真面目な仕事であろうと遊戯であろうと日ごろから行っていれば苦労に耐えられる，と習慣形成を説く伝統的な立場に立ちながらも，同時に子どもの本性を，愉快なことや諧謔が好きで，遊戯に心を傾け，くそまじめなものや厳酷を嫌う，と認識しているのである。コメニウスは，幼児期を重要かつ特殊な時期として重視したが，それは幼児期の子どもは蝋のように柔軟で，事物の印象を容易に刻みつけられる一方で，幼児期に形成されたものを修正するのは困難である，と考えたためであった。また，特に幼い時期に関しては敬虔心を除いて教授を禁じ，事物と感覚による教育を主張したこと，挿絵つきの教科書である『世界図絵』

（1658）を執筆したことなどにも，子どもの特殊性への配慮が表れている。

（2）独自の存在としての子どもの発見

　コメニウスにみられる近代教育学の原則が効率的な学習を目指して確立され，結果的に幼児の特殊性への配慮を生んだとすれば，17世紀から18世紀にかけては，人間の教育とはいかなるものであるべきかが考察されていくことになる。

　イギリスの啓蒙主義の思想家ロック（Locke,J.：1632～1704）は，人間の本性は善でも悪でもなく教育によって決まるとする白紙説と呼ばれる立場から，教育万能の立場を主張した。ロックは労働学校に関する提案を行うなど労働者階級の教育も構想したが，家庭での紳士のための教育を主に論じている。

　ロックの場合にも，習慣の形成による教育される存在としての子どもと，大人のような態度やまじめさ，熱心さを期待できず，嘘をつき，たちの悪い悪戯をする存在としての子どもの2つの子ども観がみられる。また，子どもを幼児の頃から自由などの価値を理解し愛する理性的被造物とみなしている。

　自然主義的・消極主義的な教育論で注目を集めた論者である思想家ルソー（Rousseau,J.J.：1712～1778）は，自ら成長する力を有した存在として子どもを描き，子ども期を独自の時期であると主張した。ルソーは著書『エミール』（1762）において，社会を構成する最小の単位である個人を，自分で感じ，考え，判断し，理性的に行動できるようにする自律的な人間の教育を模索する中で，大人とは異なる独自の存在としての子どもを発見した。子ども期はすぐに失われ，必ずしも子どもが大人になるまで生き延びられるとも限らないという感傷を伴いながらも，子どもが子ども時代を幸福な時間として楽しむことを積極的に認め，それを見守ろうと主張したのである。また，子どもの本性は善であるが，社会がそれを悪に染めるという立場から，国家や社会の悪い影響から子どもを保護し，子どもの自然な成長を見守る必要性を訴えた。ルソーの描く子どもは純真な存在であり，コメニウスやロックが論じた

たちの悪い悪戯をし，諧謔を楽しむような子どもとはあたかも異なる存在のようである。

ルソーは，教育の成功には自然，人間，事物による一貫した教育が必要であるとする。しかし自然については人間が変えることのできないことから，他の2つの教育を人間の能力の内的な発展である自然の教育に従わせる必要があるとして，自然に従った教育を主張している。自然の発達に子どもの教育を合わせるために，初期の教育は純粋に消極的で，周囲の悪影響から子どもを保護することに集約される。子どもの成長する本性を信じ，子どもの成長を見守り，保護していくという考え方は，ペスタロッチーをはじめとした後の教育界に大きな影響を与えたことから，ルソーは子どもの発見者として評価されている。

（3）子どもを尊重した教育思想・教育実践の展開

ルソーの自ら発達しようとする存在であるという子ども観を受け継いで，人間は身分にかかわらず等しく人間であると考え，貧民や孤児の教育や民衆教育を通じて普遍的な教育と教育による社会改革を構想したのが，スイスの教育者ペスタロッチー（Pestalozzi,J.H.：1746～1827）である。ペスタロッチーは，貧しい民衆がその状況を抜け出すためには基礎的な教育が必要であると感じ，民衆教育を実践した。ペスタロッチーの教育施設は名声を博し，オーエン，フレーベル，ヘルバルトなどの主要な教育者たちが訪れるなど，当時の教育の一大センターであった。

ペスタロッチーは，精神と情操と技能の調和的な発達を可能にするために，教授そのものが訓育の性質も併せもつとする訓育的教授を構想し，指導方法としては数，形，語に要素還元し，単純なものから複雑なものへと1つずつ段階的に教える直観教授を主張した。このような教育を通じて混沌とした直観を明晰な概念へと高め，知性，道徳性，感性の有機的な発達の実現を図ったのである。ペスタロッチーは子どもの自主的・自発的な活動を重要な発達の方略と考えていた。子どもたちは自己活動を通じて，自己の内にある

未知の力を感じて内面から教育され，特に美や秩序の感覚を発達させるとするのである。ペスタロッチーは，詰め込み式の学校にある重苦しい空気が消え，子どもたちが意志をもって行動し成功していく姿を理想的な教育として探究した。

　イギリスのオーエン（Owen,R.：1771〜1858）は，産業革命期の工場労働の改革を実践し，5歳程度の子どもたちが低賃金の長時間労働をさせられていることを問題として，ニュー・ラナークに性格形成新学院を設置した。3歳以下を対象とした幼児学校，10歳までの昼間の教授，25歳までの夜間の読・書・算や音楽，ダンス等の学習といった教育活動を展開し，搾取のない理想的な社会を実現しようとした。その根底にあるのは「人間の性格は，人間性に反しないものなら環境によってどのようにでも形成されうる」という環境決定論であった。とりわけ，子どもは性格形成の要因を操作できないので，自らの情操や習慣に対して責任がないとして，子どもを乳幼児期から保護し教育することで集団的に形成しようと説き実践を試みたことは独自のものであった。

　ドイツの教育者であるフレーベル（Fröbel,F.W.A.：1782〜1857）は，母親と子どもの関係を養育の理想としたロマン主義的な世界観を基調として，子どもに内在する神性の発展を意図した教育を構想し，とりわけ幼児教育に大きな影響を与えた。フレーベルは，認識はできていないものの，子どもは無自覚に統一性を希求していると考えて，それを予感という概念で表現した。例えば子どもが時計に惹かれるとき，それは規則的な動きや仕組みの面白さだけのためではなくて，時間の貴重さといったものを予感している，とするのである。フレーベルは，統一性を実感できる教育遊具として20の恩物を提案し，普及に努めた。フレーベルの子ども観は，子どもが自ら育ち発展していくというものであり，フレーベルが自らの幼児教育施設に名付けた「幼稚園：Kindergarten」という名称が示すように，子どもを草花に，教師を庭師に見立てたものである。フレーベルも自己活動や自己教育を強調して自ら発展する子ども観を支持しているが，彼の独自性は教育の手段に遊戯や恩

物を用いたことであった。フレーベルは，遊戯は自己の内面の自由な表現であり，子どもの認識の最高の段階であるとして，遊戯に重要な役割を与えている。遊びを通じた教育という発想は，フレーベルの指示した教え方に固執したフレーベル主義と呼ばれる立場によって形骸化したが，フレーベルの精神は新教育の論者たちによるフレーベル主義の否定を経て幼児教育界に浸透していく。また，ルソーが軽蔑を伴って見ていた生まれた時の無力さを，自らの力で向上していくように運命づけられた高貴さの証であるとして，成長を前提とした価値へと転化させている。成長概念はデューイにおいても重要となるが，フレーベルは独自のロマン主義的な解釈の中で，子どもの価値を主張したのである。

　ドイツの哲学者・教育学者であるヘルバルト（Herbart,J.F.：1776 ～ 1841）は，科学としての教育学を構想し，教授方法の定式化によってさまざまな園の教育に影響を与えた。彼は，教育の目的を倫理学に，方法を心理学に依拠して，道徳的品性を獲得することを教育の目的とした。彼が考案した明瞭，連合，系統，方法の4段階からなる段階的教授法は，後に弟子のライン（Rein,W.：1847 ～ 1929）によって，予備，提示，比較，総括，応用の5段階へとまとめられた。教授の段階を簡潔に構造化したことで，ヘルバルト派の教育学は広く知られることとなった。

　ヘルバルトは，子どもの認識や学びが大人とは異なるものであるとしながらも，子どもを自由で気まぐれ，放縦であるとみなし，管理され，権威と愛によって秩序へと導かれるべき存在として捉えている。一方で，彼は飼いならされていない子どもの性質を，教授には不都合であるが人格の土台であると好意的に捉える。また，全てをありのままに見ることのできる子どもらしい感覚や，親切心，繊細な感受性があるとみるのである。教育の目的に関しては，多面的な興味の形成が目指された。さまざまな対象や仕事を面白いと感じる中で生じた興味を拡大し，個性を倫理的に高めることがヘルバルトの目的であった。

（4）新教育運動

　19世紀後期から20世紀前半にかけて，新教育運動と呼ばれる世界的な教育改革運動が生じ，多様な論者が子どもの権利や子どもの自発的な活動や作業の重要性などを主張し，最適な教育を目指して実践を展開した。

　新教育運動の子ども観を『児童の世紀』(1900) において主張したことで，この時期の新しい子ども観や教育観を象徴したスウェーデンの思想家エレン・ケイ（Key,E.K.S.：1849～1926）は，既存の公教育制度が子どもを精神的に殺害していると学校を批判し，児童の固有の権利の尊重を求めた。ケイは，悪い子であることも子どもの権利であること，打擲の原則的な禁止など，子どもの権利の保護を包括的に主張し，他の人の権利を侵害しない限りにおいて，子どもには最大限の自由が与えられるべきであるとした。ケイは，集団的に人間を育成する従来の教育機関を工場にたとえて，個性のない群衆人間をつくるだけであると批判し，詰込み教育式の訓練，形式的な教授法，集団の圧迫からの子どもの解放を訴えた。ケイは，保育所や幼稚園は本来家庭の代用でしかなく，理想的な幼稚園があるとすれば子どもが自由にできる環境で有能な婦人がじっと座って見守っている環境であるとした。また，個性を尊重した教育，自主的な学習のために不可欠な母国語の読み書き，算数，地理，自然科学，歴史などの基礎を必修とした，12人程度の多様な子どもからなる少人数学級での個性に応じた教育を行うことを提唱している。

　米国の進歩主義教育運動は，新教育運動の米国での展開であり，パーカー（Parker,F.M.：1837～1902）の中心統合理論やホール（Hall,G.S.：1844～1924）などによる子どもに関する研究の気運の高まりの中で理念が広く受け入れられ，その思想はデューイ（Dewey,J.：1859～1952）によってひとつの頂点を見る。

　デューイの子ども観の中心は，激しく活動的な子どもという概念である。これまでも教師が教え込むのではなく子どもから引き出すプロセスが重視されていたが，デューイは教師が引き出すまでもなく子どもはすでに活動的であるとして，子どもの活動性を高く評価した。子どもは社会的本能，探究の

本能，製作の本能，表現的衝動などの多様な衝動を有しているので，教師の役割は子どもの活動を組織的に取り扱うことで，それらを適切な経験へと再構成できるように援助する役割であるとする。デューイは主体と環境との相互作用によって形成される経験を絶えず更新していく成長の過程を教育とみなし，子どもに単純化，理想化，一般化された教育的経験を与えることを教師の役割としたのである。デューイは，子どもと教師や教材との間の関係を子ども中心にするということをコペルニクス的転回と表現し，教育は子どもを中心に編成されるべきであるという原則を簡潔に示して，教師や教育内容を中心に据えていた旧教育を痛烈に批判した。デューイの学校において重視されたのは，利害から解放され，人間精神の発達を可能にする作業（オキュペイション）であり，作業とは，直接に任意のものを取り扱う中で利己的な興味から一歩進める社会的な活動であるとした。この考えはケルシェンシュタイナーの労作教育に引き継がれていく。

　モンテッソーリ（Montessori,M.：1870 ～ 1952）はイタリアの教育者であり，医学や心理学を学び，障害児教育の発想を援用して，独自の指導法や教材を開発するなど幼児教育の理論を提示し，1907 年にローマで始まった「子どもの家」の実践を行った。モンテッソーリもまた子どもを大人とは異なる存在と捉えたが，これまで正常であるとみなされていた子どもはすでに逸脱した子どもであり，本来の子どもは現実との関わりを保った創造性を有した存在であると主張して，自己活動による教育を主張した。伝統的な子ども期は蝋のようにやわらかいという主張も，モンテッソーリは子どもの独自性を丁寧に保護しないといけない理由へと読み替える。子どもは活動するだけでなく完全になりたいという衝動をもっているため，大人は環境やモンテッソーリ教具と呼ばれる独自の教具などを通じて完全になるための練習や秩序感を与えること，自己の内側に向いている非社会的な子どもの活動を外側へと向けることを役割とすべきだとするのである。モンテッソーリは教育万能の思想の限界を感じてはいたが，障害児に適用された方法を用いれば通常児をさらに伸ばすことが可能であると考え，科学に基づいた教育を提唱した。そし

て，教育は敏感期に配慮し，子どもの発達に配慮された環境で子どもの自己活動を尊重し，集中的にある活動に取り組み続ける集中現象が生じるのを忍耐強く待つべきであると主張した。

ケルシェンシュタイナー（Kerschensteiner,G.：1854〜1932）は，ドイツの労作教育運動の先駆者として知られる教育者であり，教養や意志と優れた能力や性格を併せもつ公民の育成のために労作学校という理念型を提示した。ケルシェンシュタイナーは，ペスタロッチー，デューイ，モンテッソーリなどの論に影響を受けながら，子どもは具体的な作業を通してこそ真に学習すると考えた。とりわけ3歳から14歳までは手による活動が精神的な活動よりも支配的であるとして，この時期の子どもに労作が必要であると主張した。ケルシェンシュタイナーは，人間の社会的な側面に焦点を当て，遊戯から仕事，労作へと発展する労作教育を通じて自己中心性を克服し，社会的共同性を強化しようとしたのである。彼は知識が本来の陶冶力を発揮するのはその中にある構成においてのみであるとして，目的の実現に役立ち，計画の忠実な写しである事物を生産し，完成させる活動の中に陶冶的価値を見出していた。

（5）心理学からの知見

心理学はヘルバルトなどを通じて新教育運動以前にも影響を与えたが，20世紀には，子どもの認知や学習，発達の仕組みに関しての新しい理解や理論化に心理学の知見を用いることで教育の原理が導かれるようになる。子どもの発達や認知の様式から，子どもという存在や子どもの教育が考えられるようになるのである。

子どもの発達に関する研究に関しては，スイスの心理学者ピアジェ（Piaget,J.：1896〜1980）が，4段階からなる認知発達の過程を仮定し，発生的認識論と呼ばれる発達理論を提唱した。ピアジェは認知発達を，思考と行動が未分化な感覚運動期，2〜7歳程度までの感覚運動器官を用いて試行錯誤的に対象を認識する前操作期，7〜11歳程度までの目的と手段の関係

を意識して身体を用いた操作活動によって知覚を行う具体的操作期，頭の中で概念を用いて操作活動を行う形式的操作期の４つに分けた。ピアジェは，活動から思考が生じると考えている。すなわち，人間の認識の構造は絶えざる活動によって構成され，絶えず再構成されているのであり，思考とは動作的な活動を内面化したものだとするのである。ピアジェは既存の認識枠組みに合わせて情報を取り入れるシェマへの同化と認知枠組みを変化させるシェマの調節という概念を用いて，認知発達を認知構造の再構成の過程として説明した。

ピアジェは，子どもの自我は自己中心性があるとして最終的には思考のためにこの状態を抜け出すことが必要であると考える一方で，認知の構造が異なる以上子どもは大人と違って当たり前であるとしている。また，活動自体が思考へと発展する以上，幼児期には子どもの自発的行動を尊重し，創造的能力の開発が目指されるべきであると考えた。子どもの思考の発達に大きな転機となるのは象徴機能の発達である。２〜５歳の間に発達した象徴機能は，行動から合理的思考への移行に重要な役割を果たし，科学的・抽象的な概念の基礎となる重要なものであるとするのである。象徴機能の発達を特徴づける活動が遊びと模倣であり，子どもは自発的行動を通じて独力で概念をつかんでいくのである。ピアジェは，教育は本質的に予測不能であるとしたほか，子ども自身によって問題解決がなされるまで気長に待つことや，遊具や教材を子どもが実際に自由に操作することで新しい概念を獲得できるものであることを求めている。

ヴィゴツキー（Vygotsky,L.S.：1896 〜 1934）はソビエトの心理学者であり，高次精神機能が社会的起源をもつという立場をとった点が個人主義的と評されるピアジェの発達観と対比をなしている。言葉は最初コミュニケーション手段としての社会的言語であり，最終的に内面化されるとするのである。また，人間の高次の精神活動の鍵になるものを道具，とりわけ言葉の使用であると考えた。最初は思考の後に結果として出されていた言葉は，外的な記号として思考を媒介し，行動を調節する役割をもち，それが言葉の発せられな

い心的な記号としての内言となるとするのである。

　ヴィゴツキーの人間観は，歴史的な発展は進化によるものではなく，社会的な所与の変化によるものであるという立場である。生物学的進化と歴史的発展の2側面から人間は形成されていると考え，ヴィゴツキーは自身の発達観を精錬した。また社会起源の心理機能という立場は，ヴィゴツキーの提唱する最近接発達領域にも反映されている。これは，独力または他者の援助を得ることで問題解決が可能な水準のうち，自分一人で解決できる水準を除いた領域であり，社会的な援助を通して子どもは認識を現在の水準以上に発達させ，自己の可能な範囲を拡張していくことができるというものである。

　ブルーナー（Bruner,J.S.：1915〜2016）はアメリカの心理学者であり，どのような教科でも，知的構造をそのまま保って，あらゆる年齢の子どもに効果的に教えることができると提唱した。この仮説は教科の構造化を問題にし，スプートニクショックの米国で教育の現代化の方策として受容された。

　ブルーナーは，人間の未成熟期を柔軟な環境への適応を可能にするものとして積極的に捉え，人為的な環境に身を置くことで生活の改善が可能であると考えた。学習とは未成熟期に行われる加速可能なものであり，子どもは文化遺産的知識や生活に不可欠な言語や数学的言語などの技能を未成熟期に習得しなければならないのである。ブルーナーは未成熟期の学習を強調する子ども観・教育観のもとに，新たな知の創造を可能にするためには，現実に縛られた知識ではなく，現実的関連から解放され自由に再結合可能であるような知識を伝えなければならないと考えて，学校での知識の教授をとりわけ重視した。ブルーナーの教科の構造に関する仮説は，教師がある知的な構造をもつ表象の様式を直観可能な形態へと適切に翻訳することで，あらゆる子どもにその知的な構造を教授できるというものである。ブルーナーはそのような表象として，活動的表象，映像的表象，記号的表象の3つを挙げている。教科の構造化を通じた早期からの知的な学習は，子どもにとって負荷でもあったが，ブルーナーは，学習とは喜びと自発性をもって新しさに対処することであり，本質的には楽しく自発的なものであると考えていた。

90　第Ⅱ部　子どもの教育の歴史と現在

■参考文献

・アリストテレス／高田三郎訳：ニコマコス倫理学（上），岩波書店，1971
・アリストテレス／高田三郎訳：ニコマコス倫理学（下），岩波書店，1973
・鯵坂二夫他訳：ペスタロッチ全集　第3巻，玉川大学出版部，1956
・東敏徳：アリストテレスと生き方の教育，ユージン伝，2004
・コメニウス／稲富栄次郎訳：大教授学，玉川大学出版部，1956
・デューイ／宮原誠一訳：学校と社会，岩波書店，1957
・エラスムス／中城進訳：エラスムス教育論，二瓶社，1994
・ヘルバルト／是恒正美訳：一般教育学，玉川大学出版部，1968
・岩村清太：アウグスティヌスにおける教育，創文社，2001
・川瀬八洲夫：教育思想史研究，酒井書店，1999
・ケルシェンシュタイナー／東岸克好訳：労作学校の概念，玉川大学出版部，1973
・ケイ／小野寺信他訳：児童の世紀，冨山房，1979
・ロック／梅崎光生訳：教育論，明治図書出版，1969
・三嶋唯義編訳：ピアジェとブルーナー，誠文堂新光社，1976
・三笠乙彦他編：実践教職課程講座18　教育史，日本教育図書センター，1988
・村井実：ソクラテスの思想と教育，玉川大学出版部，1972
・長尾十三二：西洋教育史 第2版，東京大学出版会，1991
・中村和夫：ヴィゴーツキーの発達論，東京大学出版会，1998
・中野光他：教育学，有斐閣，1997
・中内敏夫：教育思想史，岩波書店，1998
・モンテッソーリ／鼓常良訳：子どもの発見，国土社，1971
・モンテッソーリ／ルーメル他訳：モンテッソーリの教育法，エンデルレ書店，1983
・ネトゥルシップ／岩本光悦訳：プラトンの教育論，法律文化社，1981
・ノール著／島田四郎訳：人物による西洋近代教育史，玉川大学出版部，1990
・小原國芳他監修：フレーベル全集　第4巻，玉川大学出版部，1981
・小原國芳他監修：フレーベル全集　第5巻，玉川大学出版部，1981
・オーエン／斎藤新治訳：性格形成論，明治図書出版，1974
・ピアジェ／滝沢武久訳：発生的認識論，白水社，1972
・ルソー／金野一雄訳：エミール（上），岩波書店，1962
・ルソー／金野一雄訳：エミール（中），岩波書店，1963
・ルソー／金野一雄訳：エミール（下），岩波書店，1964
・スペンサー／岡本仁三郎訳：教育論，玉川大学出版部，1955
・山崎英則編著：西洋の教育の歴史，ミネルヴァ書房，2010

推薦図書

フィリップ・アリエス／杉山光信，杉山恵美子訳：＜子供＞の誕生，みすず書房，1980 年

　中世のヨーロッパでは子どもは小さな大人として扱われていたので，子ども期は事実上存在しなかったという立場から，子ども，学校，家族について描いたアリエスの代表作であり，子ども観の歴史を語る上で必須の一冊です。本当に子ども期が存在しなかったかについてはポロクの研究などの反論も多数ありますが，この主張の大胆さと衝撃が，1960 年以降に子ども観の歴史の研究を進める原動力になりました。子どもの服装や遊びや性，学校の制度，生徒の年齢，家族の肖像画など多彩な視点から，子どもに対する人びとの心性の変化を丹念に扱う中で，子どもと大人が分けられ，子どもに対する特別の配慮がどのように成立したのかを論じています。

元森絵里子：「子ども」語りの社会学，勁草書房，2009 年

　戦前日本から現代までを通じて，実態や法制度とは同一視できない「子ども」という存在がどのように語られてきたのかを描くことによって，「子ども」という観念がどのように社会と結びつけられ，維持され，「子ども」が語り続けられているのかを解明しようとした著作です。「子ども」と「大人」の差異はフィクションであると考え，「子ども」が語られ両者の差異が実体化するのは，「子ども」が重要な存在であったからではないという主張には，今までの子ども観を考え直すきっかけになるかもしれません。日本についての現代まで射程に入れての考察ですから，これまで学んできたことを踏まえた応用として読むことで，子どもについて考えてみてはいかがでしょうか。

第Ⅱ部　子どもの教育の歴史と現在

第8章
世界の子どもの教育の歴史と現在

　学校は勉強するところ，友だちがいるところ，勉強以外にもさまざまな活動や行事があるところ…大多数の人々にとって，学校はこのようなイメージをもつところであり，「なぜ学校に行かなければならないのだろう」とたまに疑問に思うことはあっても，それほど深く考えることなく，日常生活の一部として学校生活をみなしてきたのではないだろうか。

　本章では，時間と空間の両方の視点から学校を見つめ直してみる。ある種の「生き物」である学校教育が今後どのように変化していくか予測し，教育者としてどのように関わっていくべきか考えてほしい。

1. 学校の誕生とその歩み

(1) 特権階級の人のための学校

　世界4大文明発祥の地は，現在の地中海沿岸地域，エジプト，インド，中国とされているが，大切なことはこれらの地域で人々が定住し，農作物の生産という計画的な作業を進めたことである。植え育てた作物を，いつ収穫し，どのように保管していくかを身につけていく中で，人々は文字や計算の必要性を感じると同時に，より多く収穫し富を蓄えるものと，そうでない者との間で貧富の差が生じ，人々の間で階級が生まれることとなった。

　例えば古代ギリシャを例にとれば，都市国家の中の1つである紀元前5世紀ごろのアテネでは，全人口の20分の1以下である市民＝特権階級とそれ以外の大多数の奴隷階級に分けられていた。市民は，働かなくても生活でき

るため，文学や芸術を愛し，議論をするなどして日々の「暇」をつぶした
が，この「暇」を意味するギリシャ語のスコレ（schole）が，何の語源になっ
たかは想像に難くない。働く必要のない自由な時間のある特権階級の人々の
ために存在したもの，それが学校の起源だったのである。

　さて，古代ギリシャを征服して一大帝国を築いたローマでは，元来，特権
階級も農業などの職業活動に従事して生活の中で教育が行われていたが，ギ
リシャの学校制度を取り入れるようになってからは，文法学校や修辞学校が
相次いで設立され，紀元後すぐから5世紀にかけての歴代の皇帝によって教
員の俸給を定めたり，民間学校の設立を禁止したりするようになった。この
頃までに，学ぶべき学問領域が主に言語に関する文法，修辞学，弁証法と，
数学に関する算術，幾何，天文学，音楽の7つ（自由7科）に体系化された
が，これらは今日の欧米の高等教育課程の教養科目であるリベラルアーツ
（Liberal arts），すなわち「人を自由に解放する科目」に連綿とつながって
いる。

（2）専門教育や職業教育のための学校

　一般に紀元前，紀元後という歴史の分け方は，キリストの誕生を境界とし
ていることは周知の通りだが，4世紀後半以降ヨーロッパでは広くキリスト
教を中心とした生活，文化が発展する「中世」が約1000年の間続いた。こ
の間に，聖職者，貴族（領主），貴族に仕える騎士，農民（領民）に加えて，
商業の発展に伴って裕福な商人も出現して，各階層の人々に応じた教育を提
供する学校が成立，発展することとなった。

　聖職者を養成するための聖職者学校には修道院に附属する修道院学校や都
市部の司教座聖堂学校などがあったが，聖書を読み，理解することを目的に
前述の自由7科を学んだ。これらの学校では学問と同時に厳しい規律が課せ
られ，生活面で多くの制約があった。

　また，8世紀にカルル大帝が開いた宮廷学校の例にみられるように，学者
を宮廷に招いて講義を行うなど，貴族の子弟の教育もみられるようになっ

た。

　11 〜 13 世紀にかけては十字軍遠征に伴って東西交流が促進され，各地で
商業活動が活発になり，都市部では職人や商人たちは同業者たちの組合（ギ
ルド）を作って互いの利益を確保するようになった。これらの職人や商人た
ちは，見習いから修業を積ませて一人前に育てるいわゆる「徒弟制度」に
よって後継者を育ててきたが，このギルドの制度に倣って発展したのが中世
の大学である。

　現在のイタリアやフランスの都市部にあたる地域では早いところでは 8 世
紀頃から法学や医学，神学など専門的に学ぶための学校が設立されていた
が，これらは 12 世紀末から 13 世紀にかけて相次いで大学として公認され，
学問研究の場として特権が与えられるようになった。資格や学位の授与権や
外部からの干渉を避ける自治権，教授や学習の自由権をもち，これらを守る
ために教授や学生それぞれのギルドが作られたのである。現在，大学を意味
する university は元来ラテン語で「組合」を表す語であったといわれてい
る。大学は入学要件としてラテン語の読み書きと会話能力を課し，講義や討
論を中心として学問研究が進められた。

　一方，都市部の親方や富裕商人たちは，その子どもたちを当初は修道院学
校や司教座聖堂学校の附属教区学校などで学ばせていたが，徐々に数学や簿
記，外国との取り引きに用いられたラテン語など，職業に直結した知識を学
ばせる要求が高まり，都市学校といわれる学校が設立されるようになった。

　以上のように中世のヨーロッパではキリスト教を中心としながらも人々の
身分や職業に応じて多様な教育がなされるようになり，専門的な学問研究機
関としての大学が設立され，発展していくこととなった。裕福な一部の庶民
の間では生活のための基本の読み書きの需要が高まり，それらを教える学校
ができ始めるが，大多数の庶民にとって「教育」とは，学校で学ぶことでは
なく，親や親方を見習うことであった。

（3）庶民のための学校の普及

　中世を象徴してきたローマカトリック教会は，数度の十字軍遠征の失敗後次第に権威を失墜させてきた。また，その権威主義的で搾取的な姿勢に各地で批判が高まるようになった。古代ギリシャの文芸を復活させて人間を中世的なしがらみから解放する一助となったルネサンス運動は，教会や富裕層の権力や富の庇護のもとに花開いたものだったが，オランダ，ドイツ，スイスなどアルプス以北のヨーロッパ地域では，古い教会権力と真剣に対峙する運動，すなわち宗教改革運動が展開された。

　これらの運動に共通するのは，一般庶民一人ひとりが聖書を理解することで神の教えにかなった生活を送ることであり，そのために聖書がラテン語ではなく生活言語で書かれるとともに，その読み書きを学ぶ学校が普及したことだった。特にルターは1524年に「ドイツ各都市の市長及び市参事会員に対するキリスト教学校の設立維持勧告の書」を出し，男女や貴賤を問わず全ての子どもたちに日々1〜2時間程度はドイツ語の基礎と聖書を学ぶ機会を与えることを主張した。後に領邦国家の1つであるゴータ公国において，5歳に達した児童を全て就学させる教育令が出され（1642年），これは「世界最初の完全な義務教育制度を確立したもの」といわれるが，宗教改革はドイツ地域のこのような動きにつながるものであった。

　ゴータ公国教育令発令と同じ頃，当時はまだイギリス植民地であったアメリカでもマサチューセッツ植民地において宗教の原理や法律読解のための読み書きを教えることを目的とした学校が設置され，50家族以上の町に1名の教師が任命されることや子どもの教育義務は親にあること等が法律に明記された。

　これらの動きから，近代以降の市民や国民育成のための教育とは異なるものの，そこにつながる萌芽がみられる。すなわち生活地域を基盤とした子どもへの教育を試みたこと，親の子どもに対する教育責任に言及したこと等である。

96　第Ⅱ部　子どもの教育の歴史と現在

（4）アジアにおける学校の発展

　これまで西洋の学校の歴史について述べてきたが，日本以外のアジアの国では，学校はどのように発展してきたのだろうか。簡単に見ておこう。

　例えば，イスラム教の伝統社会として長く発展してきたマレーシアでは，モスクに勤める教師や導師が，スラウやポンドックと呼ばれる小屋や宿舎で，コーランを読むためのアラビア文字やイスラム法などについて教える伝統が19世紀末頃まで続いていたとされている。その後はイギリスの植民地時代に生活言語であるマレー語を教えるマレー語学校が立ち上げられ，英語教育も同時に行われると，徐々に伝統的な学校は廃れていくようになった。

　主として西洋諸国に植民地化されてきた多くのアジア諸国にあって，植民地化されることがなかったタイは人口のほとんどが仏教徒であり，ここでも19世紀になるまでは，仏教寺院で仏教経典を読むためのパーリ語とタイ文字の読み書き，簡単な算数を学ぶことが伝統であった。都市部の寺院ではこれ以外にクメール文字，天文学，医学，法律などを学べるものもあり，才能を認められて長く寺院で勉学を続ける子どもの中には，このような内容を学ぶものもあった。寺院における仏教を中心とした教育方法は身分を問わず6，7歳以降の男子に適用され，近代以降も寺院がそのまま学舎として用いられ，僧侶が教師になるなど，伝統が引きつがれることとなった。

　以上のように，伝統的に人々に信奉されてきた宗教の教育が，宗教者の手によって寺院などで行われ，それは西洋における学校の歴史とも重なるものであることがわかる。ただし，西洋ではやがてカトリックを中心とするキリスト教の絶対的権力と対峙し，人間の理性を重視する考え方が広がる中で産業構造や学校のあり方も変化してきたが，アジアの多くの国ではそれを見るまえに植民地化され，その影響を現在まで大きく引きずることとなった。

（5）「学級」の成立

　ところで，これまでに登場した学校は，現在の我々がイメージする学校とはかなり異なっている。現在の（高等学校までの）学校は，年齢や能力によっ

て「学級」に分けられ，その学級の中で生徒一人ひとりが関わり合いをもちながら，授業やその他の活動が展開されていくように教師が計画的に機能している組織である。しかし，このような「学級」を有する機能的な学校がはじめて登場するのは，学校史の中ではかなり後半の19世紀初頭の産業革命期のイギリスである。それまでの学校は，年齢も能力もばらばらの生徒（学生）が，それぞれの興味や需要に応じてその都度参加するという形態で，生徒同士の協力も競争も起こり得ない場だったのである。

現在の「学級」の起源としては，2つの形式が挙げられている。1つはベル（Bell,A.）やランカスター（Lancaster,J.）が考案した「モニトリアル・システム」である。これは多人数の生徒に対して一人の教師が教えるのではなく，すでに教えを受けた生徒の中から選ばれた者をモニターとしてそれぞれ十数人程度の生徒を教えるシステムである。もう1つは，幼児を教育するのにウィルダースピン（Wilderspin,S.）が考案した「ギャラリー（一斉教授）方式」である。これは教師と対面になるように子どもたちを階段状に座らせ，教師が子どもたちを一度に見渡せるようにしたものである。これにより，教師は子どもたちに絵や教具を一斉に見せることができ，歌や遊戯などでは，周りの子どもの様子と合わせながら取り組むことができた。

効率化，機械化が礼賛される産業革命の波の中にあって，一人の教師が多人数の子どもを効率的機能的に教育する，現在の「学級」の原型ができ上がるのだが，今の学級方式に近い一斉教授方式が，幼児向けに考案されたことが興味深い。この方式は，教師が多数の子どもたちを一度に掌握するためのものではあったが，前後左右に並んだ子どもたちがお互いを見合ったり，協力したりできることで教育的に効果が高まったとされており，現代ではある種の批判にさらさ

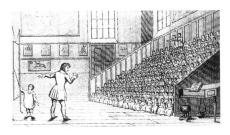

図8－1　ウィルダースピンのギャラリー授業
（出典　ハミルトン，D.／安川哲夫訳：学校教育の理論に向けて，世織書房，1998, p. 112）

98 第Ⅱ部 子どもの教育の歴史と現在

れることの多い一斉教授の本来の在り方を考えさせてくれるし，幼児を含む
子ども期の学習で大切にすべきことを思い起こさせてくれる。

2．公教育制度としての学校の誕生とその普及

これまでみてきたように学校教育は長い間，一部の支配階層や聖職者，専
門職業人のためのものであったが，制度的に体系化されたものではなく，ま
た，大勢の一般庶民の教育は，さらに彼らの自主性に任されていた。ところ
が近代以降，国家体制の変化や産業構造の変化によって国家が国民の教育に
対して何らかの関与をする必要が生じ，公教育制度が整備されてきた。

公教育とは，もっとも広義のレベルでいえば，国が国民に対して制度的組
織的に関与している教育のことで，国家の制度的影響を受けない私教育と対
峙するものである。公教育の中で全ての国民にその教育権を保障するものと
して広く普及しているのが義務教育である。義務教育はその性格から無償で
あり，特定の主義信条に偏らないことが一般的であり，国民に共通の教育を
提供することを通して国家統合の役割を果たすことが期待される。現在では
世界のほぼ全ての国においてその実情に見合った公教育がなされている。

以下では，考え方の異なる3つの国における公教育成立の経緯を見ていこ
う。

（1）旧勢力に取って代わる市民育成のための公教育（フランス）

フランスにおける公教育導入の契機は市民革命（1789年）である。宗教勢
力と結びついていた絶対主義王制を打倒してからナポレオンが登場する10
年の間は，「全ての市民に共通で，全ての人間に不可欠な教授の部分に関し
て，無償の公教育制度が組織される」という憲法の規定にそって，新たな時
代の市民を育成するためのいくつもの教育法案が提起された。その中でも
「公教育は人民に対する社会の義務である」としたコンドルセ(Condorcet,M.)
の考え方はその後のフランス公教育の基本的枠組みとしてだけでなく，公教

育理念の1つとして重要なものであった。1799～1815年までのナポレオン政権下では，初等教育は軽視されたが，逆に中等教育としてのリセを国費で運営するとともに，「帝国大学」の名称で中央集権的な教育行政制度が敷かれた。ナポレオン失脚後は王政復古，7月王政，第2共和政，第2帝政，第3共和政と政治体制がめまぐるしく変化したが，この間の公教育に関する主要な動きとしては次のようなものである。

ギゾー法（1833年）：私立学校の設立も認めつつ，市町村の人数ごとに初等学校の設置義務。費用負担が困難な場合は県や国が負担する（この法律により学校数だけでなく，就学者数も一気に増加したといわれている）。

ファル法（1850年）：道徳・宗教教育の重視によって，教会勢力の教育介入の復活。貧困児童に対してや財源の豊かな市町村での授業料の無償化推進。

フェリ法（1881～1882年）：フランス公教育のその後の基本となる法律。公立の初等学校における完全無償化。6～13歳までの男女の義務教育化。公立学校での宗教教育の排除と公民教育の導入。

こうして中世以来の慈善施設的観点からの初等教育の脱却が目指され，上級学校の基礎として位置づけられるようになった。

（2）多様な市民を統合する共通教育としての公教育（アメリカ）

イギリスの植民地として出発したアメリカでは，教育に関してもイギリス的な性格，すなわち教育は各自の自主性に任せ，一部の貧困層にのみ慈善的教育を行うという性格が強く，特にイギリス国教会の影響の強かった南部地域では長くこの伝統が続いた。独立戦争後に南部バージニア州において独立宣言の起草者であるジェファーソン（Jefferson,T.）は全州民子弟のための無償で公立の初等学校を設置する法案を議会に提出したが，受け入れられなかった。

一方，非国教徒が中心であった北部諸州，特にニューイングランド地方では19世紀に入ってから「全ての子弟に開かれた共通の公立学校（コモンスクール）」の設立に向けて運動が展開されるようになった。この運動を強力

に推進したのがホーレス・マン（Mann,H.）である。彼は「すべての人間には教育を受ける絶対的な権利があり，財産も元来神から万人に与えられたものであって，公共性や社会性をもつものである」と主張して，無償の初等学校実現のために課税できる道を開いた。こうしてマサチューセッツ州を皮切りに1850年までには北中部，西部の多くの州で無償の初等学校推進のための法案が成立した。また，信教の自由と政教分離が法律で掲げられるのと同時期に，公立学校での宗派教育の排除が決定された。さらに，マサチューセッツ州で1842年に年少者の労働制限を定めた法律が制定されるとこれと連動するように1852年に義務就学法が制定された。これは8〜14歳までの子どもは毎年少なくとも12週間は就学させる義務を親が負うというものであった。ただし家庭教育や私立学校で同等の教育をする権利も認められてはいた。こうして1918年までにアメリカ全州で8年ないし9年の義務教育法が制定された。

このようにアメリカでは産業革命や西部開拓事業が推進される中で多様な市民が台頭するのを統合し，独立宣言に示された「自由で平等な民主社会」の実現に向けて市民を教育するためのコモンスクールとしての公立学校が必然として普及した。

（3）宗派対立を超越するための公立宗派学校による公教育（オランダ）

上述した2国の例では，いずれも「全ての」子どもたちを対象とするがゆえに，公立学校において宗派教育を排除するものであったが，これとは対照的に全額国庫補助をしながら学校ごとに宗派教育を認める公教育制度を確立したのがオランダである。興味深いのは，一旦は他国同様に宗派的に中立の公立学校を普及させる試みがなされるものの，他国では対立してきたカトリックとプロテスタントが手を結んで，これを阻止して新たな制度を確立したことである。

この背景には，この国で経済的主導権を握ってきたオランダ改革派教会に属する人々が合理主義，自由主義を掲げてフランスの革命思想に影響を受け

る一方で，これと対峙したのが反革命派の厳格なカルヴァン派と，ベルギーの独立（1830年）によって危機感を強めた南部のカトリック信者たちだったことが挙げられる。つまり，他国なら教会勢力と手を組んだ権力（王政）を批判し，打倒する側が自由主義，合理主義の精神を標榜するところ，この国では，逆だったのである。また1815年のネーデルランド王国成立から1848年に立憲君主国となるまで王権が弱く，国王は主義信条よりも政治的多数派と手を組むことに腐心し，常に妥協的な政治を行ってきたことも挙げられる。例えば，自由派で強硬的な政治を行ったトルベッケの主導のもとに1848年に定められた教育の自由や国家による初等教育の保障規定は，トルベッケ内閣にとって代わった保守派内閣でも引き継がれ，さらに1857年に宗教教育の排除規定が掲げられたという具合であった。

　これに対して反革命派で王党派でもあったプリンステルがカトリック，プロテスタント，ユダヤ教に分離された公立宗派学校の設置を提唱し，これにカトリック派も同調，政党を立ち上げた彼らが勝利して1888年に内閣を立ち上げると，宗派別の学校にも公立学校と同じ30%の国庫負担を確立した。この時期，オランダはようやく産業化の道を歩み始めたところで，教育問題は主要課題だったが，この問題は1920年に世俗的な公立学校と宗派立の私立学校の両方に全額国庫補助することで決着した。この後，宗教立の学校だけでなくモンテッソーリやイエナ・プランなどの独自の教授法を掲げる学校や，1990年代以降宗教の異なる移民の増加に伴って設立されたイスラム教学校やヒンズー教学校にも同じ法律が適用されている。

　こうしてオランダでは他の国とは逆に宗派立学校に同じ権限を与えることによって，信条の異なる人々を対等に遇するという形での国民統合を目指すこととなった。

3. 現代の世界の学校

（1）世界の教育を知る意味

　これまで世界の学校制度の歴史的経緯をみてきたが，特に近代公教育としての学校はその国の置かれた政治状況や産業構造に大きく左右されて展開されてきたことがわかった。このことは現代でも同じで，各国の公教育はその国の歴史と政治，経済事情さらには風土を抜きにしては見えてこない。

　例えば表8-1を見てみよう。左の欄に示したのは，ある国の公式の教育概要から，特に義務教育の制度面について簡単に整理したものである。確かにこの国の教育制度の骨格はわかるが，これを見ても，その国の教育イメージは浮かびにくいだろう。ところが右欄の風土や教育についての考え方，具体的な教育方法などを読むと，この国の教育像がみえてこないだろうか。

　読んでわかったことと思うが，この国はOECDによる国際学力アセスメントテスト（PISA）で2000年のテスト開始以来，読解や科学的リテラシーで常に上位にランクされているフィンランドである。骨格を見ると，学費が大学まで無料であること，公立と私立がともに同じ公的な財政基盤によっていること，教員に大学院レベルの教育履修が求められることなど日本との違いもあるが，それ以外でさほど違いは見られない。しかし，その背景や内容は全く異なるといってもよいのである。つまり，制度面やデータのみの単純比較ではわからないことが多いのである。そして，それぞれの国の風土や歴史，文化的背景がその国の教育に深く根ざしているということは，ある国が効果的な取り組みをしているからといって，単純にその方法や制度を導入したところで，うまくいかないことも多いと念頭に入れておかなければならない。

　それでもなお，教育者を目指す者が外国の教育を知っておかねばならないのは，何よりも「当たり前」になりすぎて疑問をもつことすらない自国の教育制度や考え方や教授法などを，客観的に見つめ直すための視点をもつため

第8章　世界の子どもの教育の歴史と現在　　103

表8－1　ある国の教育制度と教育文化・風土

学校段階：

0〜6歳　　6歳・1年間の就学前教育を含む保育所または託児所での保育

7〜15歳　9年間一貫の義務教育としての基礎教育

16〜19歳　普通科及び職業高校

20歳〜　　高等教育

・学費は基礎学校から大学まで無料。

・基礎学校は，居住地に近い学校の割当制。親の希望があればその他の学校も選べる。私立学校数は全体の3%程度。

・私立学校と公立学校は国のカリキュラムに従うことが前提で，すべて国と地方の財源で賄われる。

・学年歴は8月中旬〜翌6月中旬の年間190日。週当たりの授業数は19〜30時限。1時限は45分。最初の6年は1日5時限まで，後半3年は1日7時限まで。

・コアカリキュラムと評価基準は国立教育局が策定。6つの州にも教育局がある。教授方法や教材は教師裁量。

・基礎学校での教科目：公用語と文学，第二公用語，外国語，環境，健康，宗教または道徳，歴史，社会科学，数学，物理，化学，生物，地理，体育，音楽，美術，工芸，家庭科。

・学習達成度は各子どもの日常とテストで判断。判断基準は国が定めた科目ごとの達成目標とカリキュラムに記載された評価基準。成績表は少なくとも年に一度。

・教員資格：前半6年間担当できるクラス教員は，修士課程修了が条件。後半3年間担当できる科目教員は教育学を含む単位を取得し，修士学位取得者。教員資格取得には大学の適性検査，筆記試験，面接試験に合格する必要がある。大学によってはグループ試験や模擬授業を課す場合もある。

・対GDP比教育支出5.8%（2015年度）

サンタクロースとムーミンの国は近年，携帯電話の世界的なシェアをもつノキアで有名になった。日本より少し小さい程度の国土に，日本の1/25の人が住んでいる森と湖の国である。

「人口は少ないし，自然は厳しいし，暗いし寒いし，刺激は少ないし，だから自分のやりたいことややろうと思うことは，自分で克服して自分自身で取り組んで対応していかないと，この国では生きていけない」（ある高校生の話）「フィンランドの生きる力がはぐくまれた背景には，この寒い自然環境が大である。『寒くなる』という現象一つをっても，『気温が低くなる→湖が凍る→魚が取れない→食べるものがない→生命の危機』というように…フィンランド人の思考体系は一つのことを見て多くを知るのではなく，一面を見てそれにつながる多様な側面を同時に考える」（フィンランド大学マッティ・メリ教授の話）

1985年にそれまでの習熟度別授業を廃止し，競争を排除する方向に国の教育方針を転換した。「人間というものは，もともと興味・関心をもっていて，自ら学んでいくのだ」という信念によって「自分で学べ。できなければ援助する」という教育観が徹底している。

競争させない，一人ひとりを平等に扱う，教え合いを大切にする，授業料だけでなくノートや鉛筆も支給，給食や通学費も無料。

何より教師を専門家として養成することに重点が置かれ，同時にその自主性も尊重されている。教師は職業として尊敬され，社会的地位も高い。

子どもは授業中に水を飲みに行ったり，編み物をしたり，グループ学習できずに一人で，本を読んだりしても叱られることはまずない。叱られるのは他の子の邪魔をした時ぐらいである。最終的に到達目標に達成していれば，そのプロセスは問われないというスタンスである。

104 第Ⅱ部　子どもの教育の歴史と現在

である。そして，このような「気づき」から日々の教育活動を改善してくヒントが得られるかもしれないからである。

（2）1つの物差しで全体を見渡す

　前項で，制度やデータを知っただけではある国の教育イメージはつかめないと述べたが，それでも決まった指標で世界全体を見渡すことで，ある国に興味をもつきっかけを得たり，もちろん日本を客観視したり，世界の格差の要因を考えたりすることができる。次に日本の「当たり前」を世界の学校規模でいくつか見直してみよう。

1）学校に行くことは当然のこと

　日本では勉強が嫌いでも，人間関係がちょっとつらくても「行かなければならない」学校。逆に世界では学齢期の子どもの11.5％は「学校に行きたくても行けない，続けられない」状況だ。人数にすると丁度日本の人口ぐらいだという。

　このうち40％は開発の遅れた国や地域の子ども，20％は紛争地帯の子どもが該当する。例えば紛争が続いている南スーダンでは国の教育制度として8年間の義務教育が定められているものの，就学率は40％に満たない。イラクやソマリアのようにデータが不明な状態の国や，就学率が一見よくても多くの子どもが中退を余儀なくされる国や地域，伝統的に女子には教育を受けさせない地域なども今なお残っている。

2）義務教育は地域の学校に行く

　通学するべき学校を日本のように割り当てられる国もあれば，完全に自由な国もある。ヨーロッパ各国の例を図8-2で確認しておこう。フランスは日本と同じような割当制，フィンランドは割当制だが，親の希望も可能，オランダは完全自由選択制となっていることがわかる。

3）私立に行くのはお金がかかる

　一般に意識されないが，政府は私立学校の私学助成金を交付している。にもかかわらず，日本の私立学校は学費が高い。高校までの私費負担は

第8章　世界の子どもの教育の歴史と現在　　105

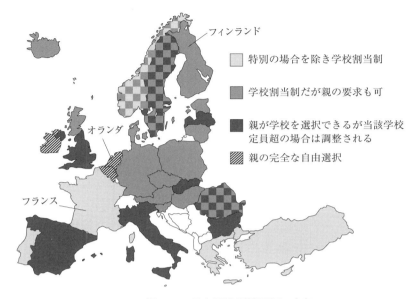

図8－2　親による公立初等学校選択の有無
（出典　Eurydice, key data on Education）

OECD平均とそれほど差がないが，大学以降を見ると日本は急激に私費負担が増える。教育支出全体について国内総生産（GDP）と比べてどの程度公費を支出しているかをみても欧米の大多数の国は5%前後であるが，日本は3.4%程度である。つまり国全体として教育費に支出割合が少ないということは，特に私立学校については個人負担が増えるということを意味している。公立の学校数が圧倒的であるならともかく，高校では3割近くが，大学では8割近くが私立学校だということを考えても「私立はお金がかかる」というのは実際その通りなのである。ただし，世界に目を向けると前述したオランダやフィンランドのように「私立」をプライベートなものと捉えるのではなく，個々人の信条や主張の違いを認めるためのものと捉える場合に公費を出している国もあるわけで，公立・私立の捉え方が国によって異なることも念頭に置く必要があるだろう。

106　第Ⅱ部　子どもの教育の歴史と現在

4）宗教系の私立学校以外では宗教教育はやらない

　近代公教育制度の発展の歴史では宗教と教育をどのように考えるかということが大きなテーマだったが，現代でも世界の多くの国で，宗教は授業として取り入れられている。例えばイランやマレーシアなどイスラム教国家では授業時間の 10％以上が割り当てられている。フランスのように学校内では全面禁止の国でも，宗教教育のための時間として水曜の午後を割り当てている。希望しなければ取らないでよい場合が多く，同じ時間に異なる宗教のクラスを設定している学校もある。国際的に世俗化が進んでいる今日でも，多くの国で宗教や宗教的慣習は国民の背骨として残っている場合が多い。日本のように，「宗教？」というような国は少数派かもしれない。

（3）これからの方向性

　義務教育までの学校は今後どのような方向に改革されていくのだろうか。

　現在，就学前教育については，5〜6歳が初等教育の準備教育としてほとんど位置づけられ，OECD 諸国で 3 歳から教育を受けているのは 78％に上っている。就学前教育は将来の社会格差を広げないために有効とされ，保育所や初等教育などと連携を強め，子どもの幅広い学びをサポートしていくことが期待されている。

　義務教育について重点が置かれているのは，子どもの学びの質と教員養成，さらには教員の自律性も含めた学校の自律性を高めることである。子どもの学びは，形成的評価を重視し，そのためには教室の中だけではなく，学校全体や教育制度のレベルでも改善に努めるべきことが期待されている。また，教員は学習の質の改善に中心的な役割を果たすために，教員の質の改善とそのための継続的な現職教育とそのための多面的なサポートが求められている。

　このような学校教育の国際的な動向の中に日本の学校教育も巻き込まれ，教育者に期待される役割も刻一刻と変化していく。日本の教育を客観的に見つめながら，一方で主体的に働きかける教育者になるために，今後も国際的

な動向に注目していってほしい。

■参 考 文 献

・小川真理子：くらべてわかる世界地図②，大月書店，2004
・福田誠治：競争やめたら学力世界一　フィンランド教育の成功，朝日新聞社，2006
・川崎源編著：現代の教育学④　西洋教育史，ミネルヴァ書房，1979
・田中克佳編著：教育史，川島書店，1987
・中村清：公教育の原理，東洋館出版社，2000
・Glenn Jr.,C.L. The Myth of the Common School, The University of Massachusetts Press /Amherst, 1987.
・栗原福也：世界現代史 21　ベネルクス現代史，山川出版社，1982
・浅野啓子，佐久間弘展編著：教育の社会史　ヨーロッパ中・近世，知泉書館，2006
・柳治男：〈学級〉の歴史学，講談社，2005
・ハミルトン,D.／安川哲夫訳：学校教育の理論に向けて，世織書房，1998
・堀尾輝久他編著：講座学校 1　学校とはなにか，柏書房，1995
・平成 18 ～ 19 年度科学研究費補助金基盤研究（B）課題番号 18330179「義務教育の機能変容と弾力化に関する国際比較研究」（研究代表者　杉本均），2008
・馬越徹編著：現代アジアの教育　その伝統と革新，東信堂，1989
・リヒテルズ直子：オランダの教育，平凡社，2004
・OECD Education Today the OECD Perspective, OECD Publishing/ Paris, 2009
・OECD Education at a Glance 2017 :OECD indicators, OECD Publishing/ Paris, 2017
・Eurydice Key data on Education 2009: a view on Europe's educational systems, Education, Audiovisual & Culture Executive Agency (EACEA), 2009
・Eurydice Finland National summary sheets on education systems in Europe and ongoing reforms, EACEA, 2015
・ユニセフ：世界子供白書，2017
・国立教育政策研究所：OECD 生徒の学習到達度調査，2016

推薦図書

江藤恭二監修：新版 子どもの教育の歴史―その生活と社会背景をみつめて，名古屋大学出版会，2008年
　私たちが自分たちの日常生活と結びつけて考えれば，教育や学校の諸問題が身近に感じられるように，この本でも歴史の中で子どもたちがどのような社会背景のもとでどのような生活を送ってきたかをひも解きながら，諸外国や日本の教育の根底の在り方を見つめようとしています。外国については中世以降，日本については近世以降について，子どもの生活に関する絵や写真を織り交ぜながら，子どもの日常生活と学校との関わりの歴史をたどっています。歴史とは，決して過去の出来事を並べたものではなく，私たちの現在の日常生活につながっているのだということを実感させてくれる1冊です。

二宮皓編著：世界の学校―教育制度から日常の学校風景まで，学事出版，2006年
　日本で職員室といえば，先生方の机がずらりと並び，そこで仕事をする空間ですが，アメリカでは，基本的に職員室はありません!?…というようにこの本では，各国の学校教育を「文化」として捉え，比較教育の観点から楽しみながら知ることを目的としているようです。私たちはえてして「効率性と妥当性」を根拠に外国から「何が学べるか」を探すことばかり考えますが，この本では，もっと気楽に学校文化を捉えることを提案しています。しかし，そのことが結果的に日本の学校教育を見つめ直し，さらには日本の教育風土を再構築する一助となるのです。各ページに基本用語も解説してありますので，外国の学校教育を知るきっかけとしておすすめします。

第Ⅱ部 子どもの教育の歴史と現在

第9章
日本の子どもの教育の歴史と現在

　皆さんは，これまで自分が受けてきた教育の内容や方法がいつから始まったのか，考えたことがあるだろうか。当たり前のように通ってきた学校は，そもそもいつからあるのだろうか。皆さんが生活の中で目にするどのようなものでも，その歴史をもっている。普段疑いもせず自然で自明のものと思っているものでも，あるとき誰かがつくったもので，それ以前は存在しなかったかもしれない。自分たちの時代の教育が一番正しく一番適切な方法で行われているとは限らない。だからこそ，一度歴史に目を転じ，教育がたどってきた道筋を知っておかなければならないのである。

　本章では日本の教育の歴史を学ぶが，単に過去の事柄を学ぶことが目的ではない。むしろ，過去の教育の姿を追っていきながら，自分たちの時代の教育を見つめ直すことが必要なのである。

1．日本の教育の源流

(1) 古代の教育
　日本の教育史をどこまでさかのぼって考えるかは1つの大きな問題である。文化が発展し伝承され，社会に受け継がれているところでは，教育が必ず存在する。ただ，それは時代や地理的特性，社会階層によって異なるだろう。

　およそ3世紀頃，大陸から伝来した文字（漢字）が受容されることになるが，8世紀には日本でも歴史書が編纂されるようになる。712年には『古事記』

が，720 年には『日本書紀』がそれぞれ編纂される。これらの書物によって当時の歴史状況を理解することができるが，こうした歴史的な書物を通して，かつて，渡来した者と交流しながら文化が発展してきたことがうかがわれる。特に，6 世紀から 7 世紀にかけて生きた聖徳太子は，日本文化の発展に寄与したが，大陸との交流に貢献，また，学僧の教育にあたった。

　701 年には大宝律令が制定される。これは大化の改新後に行われた律令制度の大成であり，古代においていよいよ国の体制が整いつつあったことを示すものである。大宝律令の中には 22 か条の「学令」が定められているが，これにより，官吏を養成する大学寮と地方官吏を養成する国学が設置されることになった。律令制国家の確立とともに，貴族階級が生まれ，彼らは支配層として権力を握るようになったが，そうした貴族階級が，官吏を養成したのであった。

　この頃の教育史において挙げておかなければならない人物としては，空海と最澄がいる。いずれも 8 世紀後半から 9 世紀前半にかけての人物である。空海は，遣唐使とともに唐に行き，帰国してから高野山金剛峰寺を建立した。そこで真言宗を広めることになるが，その空海が設立した教育施設が綜芸種智院である。これは 828 年に建てられ，平等思想に基づいた全人教育を庶民にも行ったとされるが，845 年までしか続かなかった。また，最澄は比叡山に根本中堂を開き，天台宗を広めた。最澄は僧侶養成に力を入れ，前期 6 年後期 6 年にわたる僧侶養成のための教育課程を示した。いずれも，教育史上に特筆すべき業績であるといえる。

（2）中世の教育

　律令制国家が揺らぎ始め，その実質を喪失すると，社会的な不安定状況が生まれてくる。そうした中で，自分の財産を独力で守ろうとする人々が武士団を結成させるようになる。武士階級は中世において新たに登場した階級である。武士たちは各地で頭角を現していくが，1185 年に源頼朝が政権を立てたことによって，武士社会が成立する。

武士の道徳の基本は，主君への忠誠である。御家人は主君から土地の権限を認めてもらう代わりに奉仕をし，主従関係を結ぶ。こうした関係が社会において広まる中で，武家には家訓ができ始める。これは武士としての心構えや生活上守るべき規範を述べたものであり，この時期に行われた教育の実際を知る上で貴重なものである。

また，中世に設立された教育機関としては，武家によって建てられた文庫が挙げられる。現存するのは金沢文庫だけであるが，ここには 12,000 冊余りの書物が収集されている。他に当時の教育機関として足利学校がある。創立時期は明らかではないが，15 世紀に再興され，僧侶や武士など多くの者が学んだ。

この時期の僧侶教育に尽力した人物としては，道元の名を挙げておかなければならない。道元は永平寺を建立，曹洞宗を開き，そこで「永平清規」という規則を作り，集団生活の規範として修行の基とした。

（3）近世の教育

16 世紀後半，時代は近世に入る。近世には室鳩巣，中江藤樹，貝原益軒，石田梅岩，伊藤仁斎など多くの学者や教育者が生まれ，独自の考え方を打ち出した。中江藤樹は『翁問答』や『鑑草』といった書物を通して教育の可能性を主張したし，貝原益軒は教育の方法を自覚的に捉え，『大和俗訓』『和俗童子訓』等の書物で子ども期の特徴を示し，「随年教法」の考え方により発達段階に即した教育を行う必要性を主張した。また，近世において重要な教育の思潮に，心学がある。石門心学を開いた石田梅岩はその代表的存在であり，講釈などを通じて民衆を教化した。

江戸時代の公的な教育機関としては，昌平坂学問所がある。1797 年に設立された昌平坂学問所は江戸幕府直轄の公的教育機関であり，旗本や御家人の子弟をここで教育し，幕府に有為な人材の育成にあたった。江戸時代には政治体制は比較的安定化し，支配体制維持のために教化政策や統制的政策が取られるようになるが，昌平坂学問所は当時の最高学府として，その役割を

112　第Ⅱ部　子どもの教育の歴史と現在

果たしたのである。

　また，各藩にはそれぞれ藩校があった。藩校は，全国の諸藩がみずからの藩士を教育・育成するために設置した藩立の学校であり，儒教に基づく学問・道徳を学ばせ，藩に必要となる人材の育成を目指した。代表的な藩校としては，水戸藩の弘道館，会津藩の日新館，尾張藩の明倫堂などが挙げられる。就学年齢はおよそ8歳から15，16歳くらいまでである。後の時代になると，時代の変化の中で洋学や医学などが教えられた。藩の枠を越えた民間の教育機関としては，私塾がある。これは江戸時代後期に多く設立され，それぞれ特色ある教育を行っていた。有名な私塾としては，吉田松陰の松下村塾，伊藤仁斎の古義堂，広瀬淡窓の咸宜園などがある。

　近世における庶民の間の教育機関として自然発生的に全国各地に設けられたのは，寺子屋である。寺子屋は手習所，手習塾とも呼ばれ，6歳頃から15歳頃までの子どもがそこで学んだ。教材となるのは「往来物」と呼ばれる教材であり，道徳や地理，実学的な内容を記したものである。これは「商売往来」「農業往来」などさまざまなものがあり，地域によっても特色ある内容を含んでいる。また，寺子屋では読み・書き・算を教えていたが，そのためもあって江戸時代の識字率は非常に高かったといわれている。徳川吉宗は寺子屋の存在意義を重視し，『六諭衍義大意』を教科書として頒布し，教化政策の対象にしようとした。寺子屋の数は，全国でおよそ3～4万ほども存在していたと言われている。

2．日本の近代学校制度

（1）　学制から改正教育令まで

　前項では近世までの教育について見てきたが，ここからは近代の教育に入る。日本の近代学校制度はいつ，どのような必然性があって生まれ，誰がそれを提案し推進したのだろうか。その提案にはどれだけの妥当性があったのか。そしてそれが実際のものとなったとき，どのような効果，どのような影

響をもたらしたか。皆さんがこれまでに通ってきた学校は，まさに近代学校制度そのものである。その性格がどのようなものであるか，創設から確立までの歴史的経緯を通して知ることで，いま学校が抱える課題を考える際にも，多くのヒントを得ることができるかもしれない。

　日本の近代学校制度は，1872（明治5）年の「学制」によってその端緒を開かれたといってよい（1879〔明治12〕年廃止）。「学制」は日本ではじめて学校制度を法令で定めたものであった。すでに前年の1871（明治4）年に文部省が設置されているが，これは教育や学術に係る官庁であり，近代学校制度はこの省を通して導入が進められた。「学制」も文部省において洋学者が起草したもので，フランスの教育行政制度をモデルにしているといわれる。その内容は，学区*，就学年齢，学費，教科等であり，立身出世，実学主義，学費の民費負担を基本路線とし，国民皆学を謳った。文部省が「学制」を全国に頒布する際に序文としてつけられたいわゆる「被仰出書」の冒頭は次のように始まる。「人々自ら其身を立て其産を治め其業を昌にして以て其生を遂る所以のものは他なし身を修め智を開き才藝を長するによるなり」。ここで「自ら其身を立て」という箇所が肝心である。これは明治初頭における時代精神を示しており，福澤諭吉の『学問のすゝめ』（1872年），中村正直が訳したスマイルズ（Smiles,S.）の『西国立志編』（1871年）なども共有しているものである。

　さて，近代学校制度の導入において画期的な意味をもった「学制」であったが，それがきわめて画一的であり各地方や庶民の事情に合っていない，とする批判がなされた。庶民の生活状況は以前と変化のないままに就学だけ奨励されるようになると，それまで家業の手伝いをしていた子どもはその家や共同体にとっては労働力として期待できず，また，小学校の維持費も民費負担のためにその捻出は多くの人々にとって重荷となっていた。そして多くの

＊　「学制」の冒頭には学区の区分が示されている。これは，全国を8つの大学区に分け，各大学区を32の中学区，さらに各中学区を210の小学区に分けるというものである。学校の総数は，大学が8，中学校が256，小学校が53,760になる。

地域で就学拒否や小学校の焼き討ちなどがなされたのである。

　こうした状況に応えるために発布されたのが1879（明治12）年の「教育令」である。これは文部大輔田中不二麿が中心となって起草したもので，アメリカの教育行政制度をモデルにした自由主義的色彩の強いものであった。「教育令」は就学義務を緩和し，小学校の設置について届出制を採用するなど，それまでの干渉的なあり方からの転換を行った。だが，その結果，就学率の減少や廃校といった傾向がみられたため，再度国家によって教育に干渉を行うべきとする議論が出されるようになった。折しも国内では自由民権運動の思潮が強まり，各地で政治的な学習会が行われていた時代である。また，明治天皇からも1878（明治11）年の地方巡幸での見聞をもとにした意見が出され，侍補の元田永孚によって「教学聖旨」としてまとめられた。これは「学制」以来の知識偏重の教育を批判し，道徳教育の重要性を主張したものであった。1880（明治13）年にはそうした動向を受けて「改正教育令」が発布され，教育行政は再び国家主導の性格が強化されることになった。

（2）森有礼の改革から教育勅語まで

　1885（明治18）年，伊藤博文内閣が成立するとともに，森有礼が初代文部大臣に任命される。イギリスへの渡航経験もあり西欧の事情に詳しい森は，就任後すぐに学校制度の改革に乗り出した。1886（明治19）年には「帝国大学令」「師範学校令」「小学校令」「中学校令」を矢継ぎ早に制定している。これにより，各学校種別に法令が定められ，小学校，中学校，帝国大学という学校制度が確立し，あわせて教員養成を目的とした師範学校の制度が整うことになった。

　これらの学校令で定められた教育制度は次のようになる。まず，小学校は尋常小学校と高等小学校に分けられ，修学年限は各4年間，中学校は尋常中学校と高等中学校に分けられ，前者が社会へ出るための教育で修学年限は5年間，後者がさらに上の学校へ進むための教育で修学年限は2年間とされた。師範学校も尋常師範と高等師範に分けられ，前者が小学校教員の養成，

後者が尋常師範学校教員の養成にあたることになった。また，帝国大学は「国家ノ須要ニ応スル学術技芸ヲ教授シ及其蘊奥ヲ攻究スル」ことが目的とされたが，このことからもわかるように，森の改革はきわめて国家主義的色彩の強いものであった。これは当時の諸外国列強との競争が強く念頭に置かれていたためである。

　そうした傾向を示す例として，例えば軍隊式の兵式体操が挙げられる。森は師範学校の改革に大きな力を注いだが，その際，知識の教授よりむしろ人物養成を重視し，威重・信愛・順良を目標とした。その3つを実現するために，学科課程に兵式体操が取り入れられたのである。また，師範学校は全寮制であったが，その生活は軍隊式であり，そこでは国家主義的な教育が施された。

　1890（明治23）年，第2次小学校令が制定される。これにより，小学校の義務教育年限が最低3年とされるなど，いくつかの改正が行われた。この法令で重要なことは，小学校教育がそれまでの知識教授中心から，道徳教育中心に変わったこと，そして，小学校令が法律ではなく勅令の形式で制定されたことである。勅令であれば議会を通過させる必要がなくなる。勅令主義は以後日本の教育法令制定の際の慣行となった。義務教育制度は，1900（明治33）年の第3次小学校令でさしあたっての確立をみることになる。これにより，4年間の義務教育，授業料の不徴収が定められることになった。

　さて，第2次小学校令制定の後，同じ1890年に教育勅語が発布された。教育勅語は3段に分かれているが，それぞれの段の内容は，①教育の淵源が国体にあること，②天皇の「忠良ノ臣民」たるべき徳目，③この徳目を天皇と臣民がともに守っていくこと，となっている。形式的には明らかに天皇を中心とした封建倫理が前面に出ているが，そこには近代的な倫理の比重も大きいとの解釈もある。だがいずれにしろ実際の歴史においては，教育勅語は天皇制教育の重要な要としての機能を果たしていくことになる。

（3）明治期の教育方法

　明治期，実際にはどのような教育が行われていたのだろうか。明治以前の手習所では，個別教授で教育が行われていたが，近代教育を大きく特徴づけるのは一斉教授である。教師は教室の前に掲げられた掛図を指しながら生徒に質問し，あてられた生徒はそれに答え，他の生徒も唱和する。黒板も設置され，現代の学校の教室と同じ空間がこのときできあがったのである。

　明治期の教授法は，およそ3段階に分けて考えることができる。まず1877 (明治10) 年頃までは，それまでの寺子屋等で行われていた方法の延長で，素読や暗記が中心となっていた。次に，そうした教授法を批判する形で，開発主義教授法が影響をもつようになる。これは伊沢修二や高峰秀夫がアメリカで学んだペスタロッチ主義の教授法であり，直観の原理に基づいた実物教授，そして教師と生徒との問答を中心とした方法である。この方法により，子どもの「心性開発」が目指されたのであった。だが開発主義教授法は十全な展開がみられないままに形式化してしまい，10年後にはヘルバルト教育学の5段階教授法（p.84 参照）に道を譲ることになった。

　ヘルバルトはドイツの教育学者で，日本にはヘルバルト派の教育学が，同じくドイツ人のハウスクネヒト（Hausknecht,E.）によってもたらされている。ヘルバルト教育学では道徳が大きな位置を占めるが，これが，当時国民道徳の養成を必要としていた明治政府の期待に沿うものと考えられたのであった。ヘルバルトはまた，科学的思考の段階として明瞭・連合・系統・方法の4段階を想定したが，これがヘルバルト派の教育学者によって5段階（予備・提示・比較・総括・応用）とされ，日本の教育現場で広められた。その際，この5段階は思考の段階ではなく単なる教え方の順序として受け止められるなど，種々の誤解をもたらした。日本におけるヘルバルト式の教育は，学習者の自発性や積極性，個性などが閑却されているとして批判を受け，後に衰退していくことになる。

　明治になって近代教育制度が敷かれてから，数々の紆余曲折を経てそれが確立していくまでの様子を追ってきたが，そこでは，国家による干渉と教育

の自由，教室での教師と生徒との関係，適切な教授法など，近代教育に係る根本的な課題がすでに明確に現れていたことがわかる。こうした課題は，大正期以降にさらに引き継がれていくことになる。

3．大正期の新教育運動と昭和初期の教育

（1）大正期における新教育の勃興

　明治30年代以降，すなわち，20世紀に入り，資本主義の発展によって帝国主義的な競争の時代となってゆく。日本では日清・日露戦争を経て，国家主義的な傾向が強まり，国民道徳の必要性が強く叫ばれるようになる。他方，そうした中で，各国ではデモクラシー思想が広く謳われるようになり，労働運動の展開や社会主義思想の広まりがみられるようになる。大正時代は1912年に始まるが，この時代の教育の特色は，デモクラシー思想の影響を受けつつ，子どもの心理を尊重し，子どもを中心とした教育が行われるようになったことである。これは明治期の教育思想とは大きく異なったものであった。

　1900年には，スウェーデンのエレン・ケイによる『児童の世紀』と，アメリカのジョン・デューイによる『学校と社会』がそれぞれ出版されている。いずれも，教育思想において革新的な意義をもった書物であったが，これらは日本に輸入され，当時の教育界を席巻した。日本人でも同じ頃，明治期までの教育に反旗を翻す人物が現れてくる。1899（明治32）年，高等師範学校附属小学校の訓導であった樋口勘次郎は『統合主義新教授法』等を世に問い，学習者の主体性を強調した。

　1917（大正6）年には，沢柳政太郎によって成城小学校が設立された。沢柳は東北帝国大学総長，京都帝国大学総長を歴任した人物であり，陸軍士官学校の予備校としても名高い成城学校の校長になる。成城小学校は沢柳が成城学校内につくったいわば実験校であり，大正期自由教育の中心的存在になった。なお，成城小学校の教育は4つの方針に従って行われた。それは，「個

性尊重の教育」「自然と親しむ教育」「心情の教育」「科学的研究を基礎とする教育」の４つである。

また，この時期の時代的特徴があらわれた学校としては，ほかに赤井米吉の明星学園や，小原国芳の玉川学園，羽仁もと子の自由学園，西村伊作の文化学院などが挙げられる。いずれも，子どもの主体性や個性を尊重した教育を行っていた。

（２）大正期の新しい潮流

大正期に輸入された教育思想にはエレン・ケイやデューイの他に，パーカーストのドルトン・プランや，キルパトリックのプロジェクト・メソッドが挙げられる。ドルトン・プランはパーカーストがアメリカで開発した教育法で，子ども一人ひとりの個性を重視した個別学習を行う点に特色がある。プロジェクト・メソッドは，キルパトリックがデューイの教育思想を具体化して開発した方法で，学習においてまず子どもに目的を設定させ，計画を立案，遂行し，最終的に評価を行うものである。このサイクルを通して子どもの自立性を養うことを目指した。ドルトン・プランとプロジェクト・メソッドは日本に導入され，教育方法の進展に影響を与えた。

こうした諸外国からの輸入ではない日本人による教育思想の展開としては，「八大教育主張」を挙げることができよう。1921（大正 10）年に雑誌『教育学術会』は，「八大教育主張講演会」を主宰し，当代きっての教育理論家を集め，講演会を開催した。講演を行ったのは，及川平治，稲毛金七，樋口長市，手塚岸衛，片上伸，千葉命吉，河野清丸，小原国芳の８名である。この講演会には 2,000 人もの人が集まったといわれるが，このことからも，当時の新しい教育思潮への人々の関心の高さがうかがわれる。彼らの主張は，創造性や自主性といった大正期に特徴的な考え方を共有している。

大正期には，各種の文化的，芸術的運動も新たな展開を見せ，教育に大きな影響を与えた。その中でも特筆すべきは，鈴木三重吉による雑誌『赤い鳥』の創刊であろう（1918〔大正 7〕年）。『赤い鳥』は芸術中心主義的な立場

第9章　日本の子どもの教育の歴史と現在　　119

から発刊され，小川未明や北原白秋など多くの作家らが参加し，童話や童謡など子どものための創作活動を行った。同誌では綴り方の指導なども行われていたこともあり，子どもの作文に大きな影響を与えたといわれる。また，1919（大正8）年より長野県で展開された山本鼎の自由画教育運動も特色ある活動として挙げられる。山本は子どもの自由な創作力を重視，子ども自身の手による美術を奨励し，造形の分野に新たな展開を興したのであった。

（3）大正期教育の矛盾

　これまで述べた新しい教育思潮は大正期にはじまるが，他方で，これに反する動向も同時期に進められている。それが，1917（大正6）年から1919（大正8）年まで内閣総理大臣の諮問機関として設置された臨時教育会議である。この会議では教育に関するさまざまな問題が取り上げられたが，大きな軸となっていたのが国民道徳の推進，つまり「忠良なる臣民の育成」であった。

　この後，大正新教育運動に対してはさまざまな形で弾圧が加えられた。たとえば，先に挙げた八大教育主張講演会の講師のうち，千葉命吉は講演の直後に退職を迫られている。また，多くの新教育の研究会や講演会が行政当局等により批判や抑圧を受けた。1924（大正13）年には，文部大臣の岡田良平が訓示を通して「教育ノ新主義」を批判することになるが，以後，新教育運動はいっそうの抑圧の対象となる。1923（大正12）年には「国民精神作興に関する詔書」が出され，国民の思想的な統一が求められるようになる。

　ここでは大正期の教育思潮について見てきた。新しい教育の運動が多く生まれてきた一方で，新教育に対する抑圧が徐々に強まっていったことを忘れてはならない。この抑圧的な傾向は，昭和に入ってますます強力なものとなっていくのである。

（4）　昭和期の教育と戦争

　時代が昭和に入ると，資本主義の発展に伴う社会矛盾が激化し，政府による抑圧も強まってゆく。1929（昭和4）年には世界恐慌が起こり，日本の経済

にも深刻な打撃を与えた。特に農村の窮乏はひどく，欠食児童を多く生んだり，また，場合によっては娘の身売りなども行われたりした。1930年代には，日本は満州事変や日中戦争など対外戦争に向けて突き進んでいく。「満州」の植民地化によって日本からの移住を進めるなどの政策がとられるようになる。こうした中で，教育費の予算削減や給与の未払いなどが起こるようになり，教員にとっては苦しい時代となっていく。

社会矛盾が著しくなっていく中で，新興教育やプロレタリア教育の運動が起こってくる。これはマルクス主義を支柱とした教育の運動で，社会矛盾を理論的に解明しつつ，ソビエト教育の影響を受けたピオニールなどの組織により階級意識を広めようとした。他方，共同体の疲弊を背景として生まれたもので，後に愛国主義的な色彩も強まることになる郷土教育の運動も昭和初期に活発に行われ，数々の論説が発表された。

同時期には，より生活をリアルに見つめようとする教育の運動である生活綴方運動も起こっている。これは綴方を通して現実を見つめ直し，子どもが自ら生活について考えるよう促す教育の実践であり，単なる技術的な作文の指導ではない。綴方運動の代表的なものとしては，成田忠久の「北方教育」がある。

1935（昭和10）年，「政教刷新ニ関スル建議」および「国体明徴ニ関スル建議」が，それぞれ貴族院，衆議院で採択され，これまで教育現場を通して模索されてきた自由な教育思潮は国家によって批判され，国粋的な動向がいよいよ強まることとなった。同年，文部省に教学刷新評議会が設置され，さらに1937（昭和12）年には教学局が設置される。教学局は『国体の本義』『臣民の道』を刊行し，日本精神の高揚を図った。同じ年には軍や財界の要望で，教育審議会が設けられ，皇国思想に基づいた教育改革を多面的に推し進めた。1941（昭和16）年には教育審議会の答申に基づき，「国民学校令」が出される。これにより，小学校は国民学校という名称に変更となり，教育内容や制度に変更が加えられた。その後，終戦に至るまで，他の学校においても戦時体制に沿う形で数々の変改がなされていったのである。

総動員体制が強化されると，学徒の勤労動員が始まる。これが 1938（昭和13）年以降であり，戦時体制を支える国内の労働力として軍需工場などで労働に従事した。また，終戦間近の 1944（昭和19）年以降には学童疎開が行われ始める。全国の都市の子どもは地方の縁故などを頼り，疎開した。疎開先では，多くの子どもが慣れない生活に困難を感じながらも耐え続けなければならなかった。こうして，戦時体制は徐々に学校教育を崩壊へと導いていった。

4．戦後の復興と教育制度の再構築

（1）戦後の教育体制の確立へ

1945（昭和20）年，日本はポツダム宣言を受諾し，敗戦を迎える。以後，1946（昭和21）年頃までは，未だ明確な展望が出されない状況が続く。そうした中でも，戦時下の国家主義的な教育への反省がなされ，教育から軍国主義が払拭されようとしていた。教師は文部省の指示に従い，それまで使用してきた教科書の軍国主義的な個所を，生徒の手によって墨で塗らせた。これがいわゆる墨塗り教科書である。このようにして，戦前の教育は敗戦とともに否定されるようになっていった。

終戦後，占領下の政策は連合軍最高司令部（GHQ）の指令により行われた。その際，主に教育に関して監督をしたのが占領軍民間情報教育局（CI & E）であった。占領軍は日本から軍国主義思想を排除し，民主化を進めた。

戦後の新たな教育を形づくる上で大きな役割を果たしたのは，アメリカ教育使節団である。1946（昭和21）年 3 月，27 名の団員による使節団が来日し，ほぼ 1 か月後に報告書を総司令部に提出することになる。なお，受け入れに際して，当時東京大学学長であった南原繁を中心に 29 名の教育家の委員会がつくられ，協力にあたった。使節団の報告書は日本の新たな教育を形づくる上での基本となったものである。報告書では，個人の価値や民主主義教育の重要性，社会科の新設，国語改革，学校制度への変革，義務教育年限の延

長，義務教育の無償化といったことが勧告されている。

1946 年 11 月 3 日には日本国憲法が公布された。新憲法では教育について次のように謳っている。「すべて国民は，法律の定めるところにより，その能力に応じて，ひとしく教育を受ける権利を有する」（第 26 条）。日本国憲法の制定を受けて，翌 1947（昭和 22）年 3 月には教育基本法が制定された。教育基本法はそれまでの勅令ではなく法律によって教育の原則を定めたことにまず注意すべきである。そして，この法律には前文があり，民主国家建設にあたっての教育の重要性，個人の尊厳，普遍的な文化の創造を目指す教育，といったことが示されている。続けて 11 の条文においてそれぞれ教育の目的と方針，教育の機会均等，義務教育，男女共学，学校教育，社会教育，政治教育，宗教教育，教育行政について定めている。また，教育基本法と同時に学校教育法が公布されている。さらに同じ年，教育の機会均等に基づいて，6・3・3・4 制が発足した。これは，小学校，中学校，高等学校，大学を基本とする単線型の教育制度であった。単線型というのは，同じ年齢段階で異なる教育機関を設けないもので，戦前の複線型とは異なる。そして，同年「学習指導要領一般編」，また後に教科ごとの学習指導要領が発表された。これにより，初等教育における教科が示されたが，このとき，戦前まで存在した修身，公民，地理，歴史に代わり，社会科が設置されることになった。こうして新しい教育体系が形式的には整いつつあったものの，現場では，教員，教科書，校舎など，そもそも教育に必要なもっとも肝心なものが不足している状況であった。

（2）教育の革新

戦後になり教育の体制が整う中，教育内容も大きく変化した。教科書は，戦前の国定制から検定制へと変わり，教育行政における国家の統制は緩和された。そして，戦後の新しい教育においては，子どもの自主性や経験が尊重されることになる。そうした教育思潮を展開するにあたって大きな役割を果たしたのが，アメリカの進歩主義教育である。これはデューイやキルパト

リックが主張したもので，子どもの興味や関心，経験を重視する教育の考え方である。進歩主義教育の導入によって，教材の選択に際して子どもの生活経験が重視されたり，また，討議による教育法や共同学習などが行われたりした。

1947（昭和22）年から1949（昭和24）年にかけて，全国でカリキュラムの改革が進められた。その大きな潮流としてはコア・カリキュラム運動が挙げられる。コア・カリキュラムとは，子どもの生活課題を念頭にその解決のための学習を中心とし，それを支える専門的・体系的知識を周辺に配置するものである。カリキュラムに教科だけでなく課外活動を含めたり，子どもの生活課題の内実について検討するなど，教育課程についての活発な議論を呼び起こした。

（3）戦後教育の模索

戦後の新しい教育体制が整い，カリキュラムや教育内容についても模索され始めるが，1950（昭和25）年の朝鮮戦争の勃発を機に，再び教育に政治の波が押し寄せる。占領軍はこの戦争を境に方針を転換し，防共的な政策をとるようになる。各地域や職場でレッドパージの嵐が吹き荒れたが，教育現場もむろんその例外ではなかった。1951（昭和26）年，サンフランシスコ講和条約が締結されるが，これを機に，日本の教育政策は大きな転換を迎える。天野貞祐文部大臣が愛国心の重要性を訴える論を発表し，道徳教育の重要性を主張したのもこの時期である。その後，道徳教育の振興が進められる。1958（昭和33）年には小学校と中学校の学習指導要領が全面的に改訂されることになり，告示として法的拘束力をもって示された。

日本の社会は，この後，高度経済成長に向けて突き進んでいく。人々の生活は大きく変わるが，もちろん，子どもの生活にも大きな変化がみられるようになる。特に，共同体や仲間の中での遊び，経験を通して成長していくことのできた時代から，個を中心とした遊びの時間が増大する。その一方で，個と個との閉じられた関係ができあがり，あらためて，経験とは何かが問わ

れるようになる。時代は学歴社会になり，受験戦争が過熱していく。

　さて，高度経済成長期を終えた今，日本の教育はどのような局面を迎えているだろうか。いま大きく問題視されているのは，少子化である。大学は全入時代を迎える一方，保護者が子どもを早くから教育し，大きな期待をかける傾向を強めている。制度的な面に目を向ければ，教育基本法が2006（平成18）年12月に全部改正され，賛否の議論を呼び起こした。また，教育現場での国旗・国歌の扱いについても引き続き議論が行われている。

　明治期以降の教育史をこれまで学んできた皆さんにはすでに明らかなように，近代日本の教育史は，国家による統制と自由や主体性を擁護する教育との相克によって彩られている。まさに，明治期以降の教育は紆余曲折の道をたどってきたと言っても過言ではない。私たちは，それぞれの時代にどのような教育が求められ，どのような歴史的結果をもたらしたのか，再度見つめ直していかなければならないだろう。その中で，学びとは何か，主体や自由とは何かを常に問い続け，自らの実践にその問いをぶつけてみなければならない。歴史をひもとく中で見出すことのできる数々の学びの姿は，私たちが学びを進める際に多くのヒントを投げかけているのである。

■参考文献

・辻本雅史，沖田行司編：新体系日本史16　教育社会史，山川出版社，2002
・江藤恭二，篠田弘，鈴木正幸編：子どもの教育の歴史，名古屋大学出版会，1992
・長田新監修：日本教育史，御茶の水書房，1961
・石川謙：日本学校史の研究，小学館，1960

推薦図書

上笙一郎，山崎朋子：日本の幼稚園，ちくま学芸文庫，1994 年
　明治から昭和にかけての日本の近代幼児教育の歴史を，実際の保育所や幼稚園，セツルメント，児童文学の活動などを通して描いた本です。現場に関わった人々の肉声や当時の写真，子どもの生き生きとした姿の描写がふんだんに盛り込まれていて，教育という営みの豊かさ，すばらしさを感じさせてくれます。教育史の書物は，皆さんにとってなかなか取り掛かりづらいものが多いかもしれませんが，この本は，まるで過去のことではなく現在の実践を目の当たりにしているかのような生きたエピソードが多いので，幼児教育史を学ぶには格好のものです。

皇紀夫，矢野智司編：日本の教育人間学，玉川大学出版部，1999 年
　小原国芳や倉橋惣三，森昭といった，近代日本を代表する教育学者の理論・思想をそれぞれ人物ごとに取り上げながら，「教育人間学」という視点から彼らの教育思想の今日的意義を捉えなおしていく本です。序論にもあるとおり，読者はこの本を通して，「教育の新しい意味を発見する手掛かり」を与えられることでしょう。同時に，教育学者の思想的営為をつぶさに見ることで，その思想が生きていた時代の特性を感じ取ることができます。

第Ⅲ部　子どもの教育のこれから
第10章
幼児期の科学教育

1．子どもがもつ高度な知識や思考

　子どもと話してみると，この世界のさまざまな事柄や出来事に対して，子どもが実に豊かな発想や考えをもっていることに気づかされる。読者の皆さんも，そういう気づきの経験がおありではないだろうか。こうした子どもの発想や考えについて，科学的な研究方法によって詳しく調査・分析している研究者がいる。これらの研究者は，発想や考えが単に豊かであるということを超えて，それらが私たち大人の想像を超えるほどに極めて高度な知識や思考であることを明らかにしている。

（1）高度な知識
　まず子どもがもつ高度な知識について，その具体的な例を紹介しよう。稲垣佳世子は，家庭において自発的・積極的に金魚を飼育した経験のある5〜6歳の子どもが，その飼育経験を通してどのような知識を獲得しているかを調査している[1]。この調査では，ある人が金魚をもらってきたが，世話の仕方がわからないので教えてほしいという設定で，金魚の飼育経験がある子どもに対して，「金魚は夜寝るか」といった金魚を観察することでわかる特徴，「金魚に心臓はあるか」「金魚は息をするか」といった観察するだけでは直接はわからない金魚の特徴を質問する。また，「餌は1日に何回やるか」「金魚鉢の水をきれいな水と取り替えなくてもよいか」などの飼育手続きについて

は，その理由も含めて質問する。

　さて，読書の皆さんは，飼育経験を通してどのような知識を子どもが獲得できていると予想されるだろうか。金魚を実際に飼育した経験があるわけだから，飼育しながら金魚を観察しているはずである。したがって，観察することでわかる金魚の特徴については多くの知識を獲得できているはずだ。例えば，このように予想した読者もいるだろう。

　では，観察するだけでは直接はわからない金魚の特徴については，どうであろうか。また，飼育手続きについては，実際に飼育しているので，飼育手続きに関する知識は獲得できているだろう。しかし，その理由については，金魚の特徴を踏まえたものになっているだろうか。

　では，分析結果を紹介しよう。子どもの回答を分析してみると，子どもは，飼育手続きや観察することでわかる特徴だけではなく，観察するだけでは直接わからない特徴までも多くの知識を獲得していることが明らかになった。また飼育手続きについては，手続きについての事実的な知識を多く獲得しているだけではなく，「餌をやりすぎるとおなかをこわすから」というように餌のやりすぎと病気との関係や，「金魚のウンチとかで水がきたなくなって金魚が死ぬから」というように水の汚れと金魚の排泄との関係についての知識も獲得できていることが明らかになった。

　まとめると，稲垣の研究は，金魚についての事実的知識や手続き的知識だけではなく，金魚とはどのようなものかといった概念あるいはモデルといった高いレベルの知識を5〜6歳の子どもでももっていることを私たちに教えてくれるといえる。

（2）高度な思考（その1）

　続いて，子どもがもつ高度な思考の具体例を紹介する。キャラナン（Callanan,M.A.）とオークス（Oakes,L.M.）は，4歳2か月の女の子とその母親との間で交わされた次の会話を調査している[2]。

128　第Ⅲ部　子どもの教育のこれから

女の子：お父さんとお兄ちゃんと私の目の色は青なのに，どうしてお母さんの目の色
　　　　は緑なの？
母　親：（女の子の目の色はお父さん譲りだよ，と話す。おやすみを言ってから，部
　　　　屋を出ていく）
女の子：（5分後に母親を自分の部屋に呼び戻して）「私はピー・ウィー・ハーマン（コ
　　　　メディアン）が好きで，青い目なの。お父さんも，ピー・ウィー・ハーマン
　　　　が好きで，青い目。お兄ちゃんも，ピー・ウィー・ハーマンが好きで，青い
　　　　目。お母さんもピー・ウィー・ハーマンが好きなら，青い目になると思うわ。
母　親：（お母さんの目の色を青くすることは，ピー・ウィー・ハーマンを好きにな
　　　　ること以上のことだよと話す。この話を女の子が理解していないようだった
　　　　ので，神様がお母さんに緑色の目をくれたのだから，変えることはできない
　　　　のよ，と話す）
女の子：お母さんの目の色が青くなるかどうか一緒に確かめたいから，お母さん，
　　　　ピー・ウィー・ハーマンを好きになってみてくれる？
母　親：（ちょっと考えてみるわ，でも，もしお母さんの目の色が緑色のままでも，お
　　　　母さんは構わないわ，と話す）

　この会話を読んでみて，どのあたりが高度な思考だか，おわかりだろうか。
一見すると，子どもの突拍子もない想像に思われるが，詳しく分析してみる
と，じつはかなり高度な思考なのである。

　この会話について，ゴスワミ（Goswami,U.）は，わずか4歳の幼児でも
演繹推論や仮説検証といった高度な思考を行うことができていると分析して
いる[3]。ここで演繹推論というのは，複数の前提から論理的に正しく考えて
いき，個別の結論を導き出す思考のことである。会話中の発言から女の子の
思考を追跡してみよう。この女の子は，「『ピー・ウィー・ハーマンを好き』
ならば『青い目である』」というお父さんとお兄ちゃんと私についての前提
から，「『ピー・ウィー・ハーマンを好きではない』ならば『青い目ではない』」
という結論を導き出している。この導き出すときの思考が論理的に正しいわ
けである。というのは，「『ピー・ウィー・ハーマンを好き』ならば『青い目
である』」の中にある論理的な関係だけをみてみると，「XならばY」となる。
「XならばY」が正しい場合は，「Xではない，ならば，Yではない」はいつ
でも正しくなる。このことが，論理的な正しさなのである。女の子は，この

論理的な正しさの通りに,「X ならば Y」(「『ピー・ウィー・ハーマンを好き』ならば『青い目である』」) から,「X ではない,ならば,Y ではない」(「『ピー・ウィー・ハーマンを好きではない』ならば「青い目ではない』」) を導き出している。

　仮説検証とは,ある現象や出来事のメカニズムを説明するための合理的な説明を立てて,それが正しいか間違っているかを確かめるという思考である。女の子は,「ピー・ウィー・ハーマンを好き」と「目の色が青い」という 2 つの変数が共変関係するということに関する情報は説得力がありそうなので,今度は「X が原因となり,Y という結果を生み出す」という原因と結果についての合理的な説明を作り出す。「X' を X に変えることで（お母さんがピー・ウィー・ハーマンを好きになれば）,Y' が Y に変わるかを確かめる（お母さんの緑色の目が青くなるか確かめる）」という自分の仮説を検証するための方法も考え出している。このように女の子は,自分がこれまでに得た情報を使って「ピー・ウィー・ハーマンを好き」と「目の色が青い」ということに関する仮説を立てて,それが正しいかどうかを確かめる,という思考ができている。

(3) 高度な思考（その 2）

　もう 1 つ,子どもがもつ高度な思考の具体例を紹介する。今度は子どもといっても,生まれてから 5 か月しか経っていない乳児の例である。果たして,このような乳児でも高度な思考ができるのだろうか。

　その前に,まず,乳児の知識や思考をどのような方法で研究するのかを簡単に説明しておきたい。乳児は言葉を話すことができない。したがって,これまでの研究のように,子どもが話した内容から子どもがもつ知識や思考を明らかにするという研究方法は使えない。では,どうするのか。それは,乳児がどのぐらい長く見るのかという注視時間を計測するのである。乳児は乳児にとって自然な出来事や見慣れた出来事よりも,思いもかけないような不自然な出来事や目新しい出来事に驚いてより長い時間それを見続けるという

ことがすでにわかっている。こうした乳児の性質を利用して，乳児にいろいろなモノや出来事を組み合わせて見せる実験を行い，何をどのぐらい長い時間見るのかを計測して，乳児がもつ知識や思考を明らかにするわけである[4]。

さて，本題に戻って，乳児の思考の具体例を紹介する。ベイヤールジョン（Baillargeon,R.）とグラバー（Graber,M.）は，生後5か月の乳児であっても知覚情報を使って物理現象について考えることができることを明らかにしている[5]。具体的にどのような思考なのかは，ベイヤールジョンらが行った実験を説明してから紹介したい。

図10－1で，四角や凹型に塗りつぶされているのが衝立である。おもちゃのウサギは2種類で，背の低いウサギと背の高いウサギがある。乳児に見せた物理現象は，ウサギが左の端に現れた後，衝立の向こう側を通って右の端へと動いていく，というものである。この物理現象のポイントは，衝立の向こう側を通るときにウサギがどのように見えるのか，というところにある。

馴化場面

背の低いウサギ 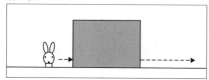 背の高いウサギ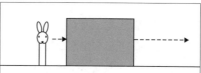

テスト場面

起こりうる出来事 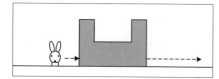 起こりえない出来事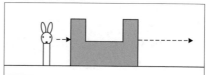

図10－1　ベイヤールジョンとグラバーの実験で使用された物理現象
（Baillargeon & Graber, 1987．をもとに筆者が作成）

第 10 章　幼児期の科学教育　*131*

　実験の手順を説明する。最初，乳児には「馴化場面」の物理現象を何度か繰り返して見せる。これらの現象では，どちらも衝立の形が四角になっている。衝立の左側にウサギがいるとき，乳児からはウサギが見える。ウサギが衝立の向こう側を通っている間は，ウサギの背の高さに関係なくウサギは見えない。衝立を通りすぎるとまたウサギが見えるようになる。これを何度か繰り返して見せることで，乳児にとってよく見慣れた現象にしておくわけである。

　続いて，「テスト場面」の現象を何度か繰り返して見せる。衝立の形が凹型の場合，背の低いウサギが通るときは，衝立が四角のときと同じように，最初ウサギが見えて途中で見えなくなった後また見えるようになる。図10－1でいうと，左側の「起こりうる出来事」というのがこれに該当する。起こりうる，というのは，物理的に起こりうるという意味である。これに対して背の高いウサギが通るときは，最初ウサギが見えて途中で見えなくなるが，衝立がへこんでいる部分を通っているときにはウサギの頭が見えるはずである。ところが，この「凹型の衝立の向こう側を背の高いウサギが通る」の場合だけ，衝立がへこんでいる部分を通るときにもウサギの頭が見えないという，通常は起こりえない不自然な出来事を乳児に見せるようにするわけである。図10－1でいうと，右側の「起こりえない出来事」がこれに該当する。このような「起こりうる出来事」と「起こりえない出来事」の両方を見せて，乳児がどちらの現象を長い時間見続けるのかを計測して比較する。

　皆さんは，乳児がどちらの現象を長く見続けると予想されるだろうか。背の低いウサギの「起こりうる出来事」を長く見続けるのか，それとも背の高いウサギの「起こりえない出来事」を長く見続けるのか。

　実験の結果は，乳児は「起こりえない出来事」を長く見続ける，というものであった。乳児は，背の高いウサギが衝立の真ん中にあるへこんでいる部分を通るとき，そこでウサギが見えないことに驚きを示したのである。ベイヤールジョンらの実験は，現象を見ることから得られた知覚情報を使って，ウサギの高さと衝立の高さという空間関係について思考することにより，「起

132　第Ⅲ部　子どもの教育のこれから

こりえる出来事」は自然な現象として，「起こりえない出来事」は不自然な出来事として乳児が解釈していることを示している。

　ところで，ベイヤールジョンらの実験は，もう1つある。これは，乳児の思考が高度であることをまた別の形で明らかにしている。

　ベイヤールジョンらは，衝立がへこんでいる部分を通るときにもウサギの頭が見えない，という「起こりえない出来事」の種明かしをすると，乳児がこの「起こりえない出来事」を見ても驚かなくなることを実験で確かめている。

　ここで，皆さんに，「起こりえない出来事」の種明かしをしておこう。どういうトリックを使って，衝立がへこんでいる部分を通るときにもウサギの頭が見えなくしていると思われるだろうか。いくつかのトリックが考えられるが，ベイヤールジョンらの実験では，2羽のウサギを使うというトリックを使っている。衝立の左側から入ってくるウサギと，衝立の右側に動いていくウサギは，うり二つに製作された別々のウサギのおもちゃなのである。1羽目のウサギが衝立の左側から入ってきて，ちょうど，衝立の左端の出っ張っている部分にさしかかると，ウサギが衝立で隠れてしまう。2羽目のウサギは衝立の右端に出っ張っている部分に最初から置かれていて，1羽目のウサギが衝立で隠れてしまった後，しばらく時間を空けてから，この2羽目のウサギを動かすというわけである。これが「起こりえない出来事」で使われているトリックである。

　実験は，次のように行われている。調査に参加した乳児の半数には，「起こりえない出来事」の種明かしになる現象として，2羽のウサギが衝立の両端に動かずに立っている，という現象を見せてから，「起こりえない出来事」を見せる。一方，もう半数の乳児には，この種明かしになる現象を見せないでおいて，「起こりえない出来事」を見せる。これで，どちらの乳児の方が，「起こりえない出来事」を長く見続けるか，その時間を計測して比較するのである。

　皆さんは，実験の結果をどのように予想されるだろうか。2羽のウサギが

登場する種明かしの現象を事前に見た乳児は，その情報を使いながら，衝立がへこんでいる部分を通るときにもウサギの頭が見えない，という現象を普通に起こりうる自然な現象として解釈する。そうすると，その現象に驚かないので，それほど長くは注視しない。一方，種明かしを事前に見ていない乳児は，衝立がへこんでいる部分を通るときにもウサギの頭が見えない，という現象を通常は起こりえない現象として解釈するから，驚きを示して長い時間注視する。本章では，ここまで乳児がもつ思考が高度ということを説明してきたので，多くの読者の方々は，この実験についても，以上のように予想されるのではないだろうか。

　実験の結果は，この予想どおりである。乳児は，現象を見ることから得られた知覚情報と一緒に，2羽のウサギという情報を考慮しながら，ウサギの高さと衝立の高さという空間関係について考えることができたわけである。わずか生後5か月の乳児であっても，このように認知的にやや複雑な物理現象について考えることができるわけだから，これは高度な思考であると言ってよいと思われる。

（4）高度ということの意味

　ここまで，子どもがもつ高度な知識や思考の具体例を紹介してきた。誤解のないようにここで確認しておきたいのだが，子どもがもつ知識や思考が高度であるからといって，それがそのまま科学研究の世界で通用するような知識や思考だというわけではない。さきほど紹介した具体例に基づいてもう少し詳しく述べると，知識については，子どもがもっている金魚についての知識は，飼育との関係からみた金魚に関する知識であり，それは解剖学的・生理学的レベルでの知識ではないし，動物分類学上の魚類としての機能や形態に関する知識でもない。また思考については，演繹推論や仮説検証といっても，複数の仮説を系統立てて検証する，2つ以上の変数の効果を分離できない場合に変数を統制した実験を計画する，自分の仮説を支持する証拠だけではなく反証する証拠を積極的に探索する，といったレベルの思考にまでは

134　第Ⅲ部　子どもの教育のこれから

至っていない。したがって，ここで高度というのは，科学者と同じぐらいに高度である，というのではなく，子どもの知識や思考に対して私たちが素朴にもっている見方・考え方に比べると高度であるという，あくまでも限定的な意味である。

　とはいえ，限定的な意味で高度であるという研究結果から，子どもが現在もっている知識や思考を出発点として，科学的知識や科学的思考に関する教育が幼児期から可能になるという教育の指針を導き出すことができる。子どもが知識を使ったり思考したりすることをよいこととしてすすめ励ましつつも，その限界に気づいてそれらを徐々に修正していくことで，科学的知識や科学的思考へと発達するように支援することができるわけである。こう考えていくと，幼児期の科学教育としては，子どもがもつ知識や思考を損なうことなく，それを伸ばしていくことがきわめて重要になってくる。

2．幼児期の科学教育を実りあるものにするための方策

　それでは，子どもがもつ知識や思考を損なうことなく，それを伸ばすためには，具体的にはどのような教育を行えばよいのだろうか。ここでは，保育所，幼稚園，認定こども園や小学校の先生にとって参考となる図書を紹介しながら，幼児期の科学教育の経験がなかったり自信がなかったりする先生でも簡単に始めることのできる教育方法や教育内容について説明したい。

（1）自然や科学を直接的に体験する教育─自然体験・科学遊び

　幼児期の科学教育というとき，幼児が自分の五感を使って自然や科学を直接的に体験する教育は重要である。直接体験が重要であることは皆さんもご承知だろうし，幼児期の教育について書かれている図書でも繰り返し述べられている。文部科学省等の学習指導要領等（幼稚園や保育所，幼保連携型認定こども園では「環境」，小学校では「生活科」「理科」）でも明記されている。直接体験を意味する用語はさまざまであるが，本章では，もっともポ

ピュラーだと考えられる用語として，「自然体験」と「科学遊び」を使うことにする。

ハーレン（Harlen,J.D.）とリプキン（Rivkin,M.S.）という研究者が執筆した図書に『8歳までに経験しておきたい科学』がある[6]。本書は2部構成になっており，第1部では幼年期における自然体験や科学遊びの意義や関連する最新理論が簡潔にまとめられている。第2部では，トピックごとに活動の具体例が紹介されている。

特に紹介しておきたいのは，この第2部である。扱われているトピックは，植物，動物，ヒトの体，空気，水，天気，岩石と鉱物，磁石，重力，簡単な機械，音，光，環境である。これらのトピックごとに，それらを直接体験するためのいろいろな活動が紹介されている。

この図書が特徴的なのは，飼育や栽培，あるいは工作といった活動のほかに，そのトピックに関係する算数，造形表現活動，身体表現，想像，遊び，食べ物を使った活動，園外・校外での活動が紹介されていることである。これは，幼児期の科学教育において認知的活動だけではなく，身体的，感覚的，感情的な活動を盛り込み，意識的な思考と非意識的な思考の両方を使うことを奨励しようとする考え方が背景となっているからである。

第7章の空気というトピックについてもう少し詳しく見てみよう。章の冒頭では，体験を通して子どもに学んでほしい空気に関する科学的概念が示されている。「空気はあらゆる方向から，ものを押さえつけます」，「空気が速く動くことで，飛行機は飛び続けます」などである。続いて，この科学的概念ごとに，自然体験・科学遊びが紹介されている。「空気はあらゆる方向から，ものを押さえつけます」という科学的概念の場合，料理用のスポイトやストローを使って水を入れたり出したりする活動が紹介されている。この活動の紹介の中には，用意する道具や素材，活動の進め方のほかに，先生が行うべき説明や発問がセリフ形式で説明されている。空気に関する算数の活動では，風船の輪郭を毎日紙に描き写すことで記録し，風船の中の空気は時間が経つとどうなるかを調べるという活動が紹介されている。造形表現につ

いては，空気で運ばれる羽毛やタンポポの綿毛などを貼りつけるコラージュアート，紙飛行機を作って色づけしたり飾りを描いたりする活動などが取り上げられている。身体表現については，自分を風船に見立てて，息が吹き込まれて大きくなるふりをさせる活動，空中で舞う鳥やチョウの動きをする活動が紹介されている。食べ物を使った活動についてはスキムミルクとゼラチンを使ったホイップづくり，園外・校外での活動としては飛行場見学が取り上げられている。

　このように，『8歳までに経験しておきたい科学』では，「環境」といった領域や「生活科」といった教科の枠に収まらない直接体験活動が総合的に示されているので，保育所や幼稚園，認定こども園や小学校における生活全体を通して子どもが自然や科学を直接体験することを準備する参考になる。また，直接体験が羅列的に紹介されるのではなく科学概念ごとに関連づけられた形で体験が紹介されているし，先生が何をすればよいか，指導のポイントはどこになるのかが説明されているので，子どもが体験を通して自らの知識や思考を科学的な知識や思考へと発達させることを支援する上で大変役立つと筆者は考えている。

（2）自然や科学を間接的に体験する教育—科学絵本

　もう1つ，自然や科学を間接的に体験するという教育として，「科学絵本」についても説明しておきたい。いま科学絵本が間接的な体験であると書いたが，これは，科学絵本がそのまま自然や科学の直接体験に代替される，というわけではなく，科学絵本を読むことから自然体験や科学遊びといった直接体験のアイデアやヒントが得られる，というような意味合いを筆者が表現したかったからである。科学絵本を媒介として，自然や科学を体験するための準備ができる，といってもよいと思われる。

　書店に行ったり，インターネットなどの電子書店を検索したりするとすぐに実感できるが，福音館書店の月刊『かがくのとも』とその姉妹版『ちいさなかがくのとも』を始めとして，いくつかの出版社から多種多様な科学絵本

第 10 章　幼児期の科学教育　　*137*

が出版されている。筆者も自分の子どもが 3 歳から 4 歳半までの間は『ちいさなかがくのとも』，4 歳半以降は『かがくのとも』を家庭で購読している。

科学絵本を読むことの教育的意義については，滝川洋二らがまとめた『理科読をはじめよう』において科学絵本を含む子ども向けの科学の本全般の教育的意義としていくつか紹介されている[7]。筆者としては，次の 2 点を強調したい。1 点目は，子どもが科学絵本を通して科学的知識や科学的思考に触れることができることである。2 点目は，先生も科学絵本を通して科学的知識や科学的思考に触れることができることである。具体例を紹介しながら，この 2 点の意義について考えてみたい。

まず 1 点目の子どもにとっての意義については，『ちいさなかがくのとも』の 2009 年 1 月号に，『わゴム』という絵本がある[8]。この絵本では，弾性エネルギーの本質が見事に描かれている。ゴムのさまざまな動きを表現したパステルカラーの絵とシンプルな文章からつくられているこの科学絵本の特徴を文章で説明することは難しいが，例えば「ああ　わかった　ぼく　このままでいたいんだ」「だから　ぼくは　とおくへ　ゆける」といった文章とイラストは，伸びた輪ゴムに弾性エネルギーが蓄積されているという科学的知識を子どもが普段使うような用語を使って直感的にわかるように表現している。

子どもにとって，弾性エネルギーのような科学的知識に触れるというのは，子どもがもつ知識や思考を活用させつつ，それを科学的知識や科学的思考へと発達させていくときに重要となる。直接体験できそうな内容であれば観察や工作や実験などで確かめるであろう。『わゴム』の場合，ゴムをいろいろな形に変えてみたり，それを元に戻したりするというのはすぐに体験することができる。筆者も自分の子どもにこの絵本を読み聞かせした後，子どもはすぐに「わゴムちょうだい」といって輪ゴムを伸ばしたり元に戻したりした。一方で，もしも科学絵本に紹介されているのが直接体験できないようなスケールの大きい内容であれば子どもはそこから想像をふくらませることができる。

まとめると，直接体験できるか，できないかに違いはあるが，いずれの場合においても，科学絵本を通して科学的知識や科学的思考に触れることで，科学絵本で描かれている科学的知識や科学的思考を追体験できるといえる。しかも，科学絵本は子どもの興味・関心を呼び起こしつつ，自然や科学について大事なことを子どもにわかりやすく伝えることができるように，専門家が時間をかけて製作しているから，子どもの自発的な追体験を可能にすることになると筆者は考えている。

　続いて，2点目の先生にとっての意義「先生も科学絵本を通して科学的知識や科学的思考に触れることができる」については，例えば，『ダーウィンのミミズの研究』という絵本では，進化論を唱えたダーウィンが生涯にわたって研究していたミミズの観察と実験の一部始終がやさしく紹介されている[9]。先生がこの絵本を読むことによって，ミミズの感覚や知能に関する科学的知識とともに，疑問から実験や検証に至るまでの科学的思考がどのようなものなのかに先生自身が触れることができる。また，『ぼくのいまいるところ』という絵本を読むと，自分の身の回りからスタートして宇宙までにいたる空間的スケールについて触れることができる[10]。普段から自然や科学にあまり関心がなく苦手意識を抱いている先生でも，科学絵本を読むことによって，難しい用語や数式につまずくことなく，これまで知らなかった科学的知識や科学的思考を知ることができるようになるはずである。

　また，保育所や幼稚園，認定こども園や小学校に科学絵本があれば，先生は子どもに科学絵本を読み聞かせることができる。したがって，子どもに自然や科学を間接的に体験する教育手法を簡単に使えることになる。科学絵本の読み聞かせというのは，自然や科学が苦手だと思われる先生に対して，筆者が自信をもって推薦する教育方法である。先に紹介した自然体験や科学遊びについて，「これは私には難しい」と思われた先生が少なからずいると思われる。ところが，絵本の読み聞かせを「これは私には難しい」と思われる先生はいないだろう。先に紹介した自然体験や科学遊びが難しいなと思った先生は，試しに，子どもたちに科学絵本を読み聞かせてみて頂きたい。本章

でこれまで紹介してきたように，科学絵本の読み聞かせを試した日が，幼児期の科学教育をスタートした記念日となるに違いない。

■引用文献

1）稲垣佳世子：生物概念の獲得と変化，風間書房，1995

2）Callanan, M. A., & Oakes, L. M.. Preschoolers' questions and parents' explanations: Causal thinking in everyday activity. Cognitive Development, 7, 213-233. (1992)

3）Goswami,U. ／岩男卓実他訳：子どもの認知発達，新曜社，2003

4）旦直子：「7. 科学教育の出発点」，岩村秀，中島尚正，波多野誼余夫編：若者の科学離れを考える，放送大学教育振興会，2004，pp.84-90.

5）Baillargeon, R. & Graber, M.. Where's the rabbit? : 5.5-month-old infants' representation of the height of a hidden object. Cognitive Development, 2, 375-392. (1987)

6）Harlen,J.D. & Rivkin,M.S. ／深田昭三，隅田学監訳：8歳までに経験しておきたい科学，北大路書房，2007

7）滝川洋二編：理科読をはじめよう，岩波書店，2010

8）大槻あかね：『わゴム』，「ちいさなかがくのとも」通巻82号，福音館書店，2009

9）新妻昭夫，杉田比呂美：ダーウィンのミミズの研究，福音館書店，2000

10）かこさとし，太田大輔：ぼくのいまいるところ，童心社，1988

推薦図書

J.D. ハーレン＆ M.S. リプキン／深田昭三・隅田学監訳：8歳までに経験しておきたい科学，北大路書房，2007年

　本章で紹介しましたように，本書は2部構成になっており，第1部では幼年期における自然体験や科学遊びの意義や関連する最新理論が簡潔にまとめられています。第2部では，植物，動物，ヒトの体，空気といったトピックごとに活動の具体例が紹介されています。

　各種の引用文献も豊富なので，さらに深く学びたい方には参考なると思います。また，アメリカですが多数の先生の実践経験に基づいて作成されていますので，保育所や幼稚園や小学校といったフォーマルな教育の場においては非常に役立つと思います。

滝川洋二編：理科読をはじめよう，岩波書店，2010年

　本章でも少し触れましたが，科学絵本を含む子ども向けの科学の本全般について書かれた図書です。本の出版はシンポジウムがベースとなっており，シンポジウムは「子どものことから科学の本を楽しもう」ということと，「大人も科学の本を楽しむ社会にしよう」ということの両方を目指して開催されたそうです。

　図書では，子ども向けの科学の本をめぐるさまざまな立場の人（例えば，出版社，教員，科学者，図書館の関係者）がそれぞれの経験に根ざした主張を執筆されています。いま読者の皆さんが読んでいるこの本と同様に，各章には，各章の執筆者が推薦する科学の本がリストアップされており，その中に，本章が焦点を当てた科学絵本も含まれています。本章を読んで科学絵本を購入しようと思った皆さんの参考になると思います。

第Ⅲ部 子どもの教育のこれから

第11章
子どもの教育とマネジメント

1. 教育の経営学──脱学校論・反教育学を乗り越えて

(1) 教育への批判
1) 輝かしい教育から社会問題としての教育へ

　第二次大戦が終わり，教育制度が建て直される中で，打ちひしがれ貧しかった国民は，学校教育に民主化と平和への希望を見た。新たな学校教育制度は民主国家としての日本の再スタートの象徴の1つであった。学校教育を受けることによって，より文化的で豊かな生活が期待された。とりわけ，1950年代半ばから1970年代前半に至る高度経済成長期において，学校の拡充もあいまって，学校教育の享受が豊かさにつながるという希望が一般化した。子どもの暴力や教師の体罰，受験競争の過熱といった問題もそれぞれ，その子どもの気質の問題や教師個人の資質の問題とされたり，「教育ママ」といった保護者の問題に還元されたりしていた。つまり，教育にまつわる問題があったとしても，学校教育が善であるという前提そのものは疑われなかったのである。

　ところが，人々が豊かになり，学校の内実が関心の対象となってくる1970年代半ばから様相が変化する。学力の到達度に成果が上がらない「落ちこぼれ」が問題として取り上げられ，1980年代に入る頃になると校内暴力，不登校，いじめなどが次々と社会問題化する。これらの問題は従来全くなかったわけではないが，この時期にはそれらが個人の問題としてではなく，

学校教育というシステム自体がはらむ問題として論じられるようになり，上述のような学校の善性そのものが疑われるようになったのである。

２）学校教育への批判的な議論

　そうした状況の下で，学校教育制度の自明性に批判的な視座を提供する研究が日本でも注目されるようになった。その１つが再生産論である。

　学校は平等なシステムであり，平等な競争の下で，子どもたちが学び，その適性に合わせて進路を選択していくという建前の裏側からその内実を見ると，学校が子どもたちを社会の各階層に配分する選抜のシステムであるという性質が明らかになってきた。しかし問題は，この社会的配分が世代を超えて再生産されているという事実であった。1960年代以降1980年代にかけて，欧米で再生産に関する議論が盛んになった。アメリカの経済学者，ボウルズ（Bowles,S.）とギンタス（Gintis,H.）が親の所得—経済的階層が子どもの経済的階層に反映される傾向があることを明らかにし，学校教育を通じて経済的な再生産が行われていると論じた。イギリスの教育社会学者のバーンスティン（Bernstein,B.）は文化とりわけ言語のあり方がそれぞれの社会的階層の中で再生産されていると主張し，フランスの社会学者のブルデュー（Bourdieu,P.）らは，親の「文化資本」が子どもの学習成果と社会的配分に影響を与えていることを立証し，再生産の実態が文化の再生産であると論じた。

　学校は結局，子どもの出身階層の違いを平等な競争で解消するどころか，そもそものスタートラインの違いを隠蔽してそれを正当化する機能を果たしてしまっているという側面がクローズアップされたのである。

　一方で，歴史哲学者のフーコー（Foucault,M.）は，学校教育において規律訓練的権力が浸透しており，それによって近代社会の身体と精神がつくられているという１つの側面を描き出した。また，オーストリアの哲学者のイリイチ（Illich,I.）は，専門家権力による学校化された社会を鋭く批判した。

　こうした論者は，必ずしも学校を悪として断罪しているわけではなく，学校が社会において果たしてしまっている機能について明らかにし，学校の自

明性に批判的な視座を提供したのである。しかしこれらのいくつかは，教育問題の噴出という日本の状況の中で，学校の自明の善性を疑うという枠を越えて，学校という強制的なシステムはさまざまな教育問題を生み出す悪であり，場合によってはなくすべきだといった過激な主張を生み出すことにも一定の役割を果たすことになった。

3）教育の経営（マネジメント）へ

　脱学校，反教育といった議論は，学校教育制度の自明性と権力性に批判的な機能を果たすが，既に近代社会を覆っている学校システムをなくすことは現実的に難しいし，また，たとえ建前であれ平等に教育を受ける権利を保障することで，社会的不平等に一定の歯止めをかけていることも否定できない。

　学校教育が，維持し続けざるを得ないシステムであるとすれば，より合理的に運用する必要が出てくる。制度の枠組みと諸法令によって，粛々と教育実践を遂行するといった官僚制的な学校像でなく，子どもの状況，地域の実態，教師の職務や力量，施設設備や財政の状況に応じて，個々の学校が自律的に働くといったあり方が求められる。

　学校組織の官僚制的な部分については，管理・運営（administration）によることになるが，特に教育実践に関わる人的・物的資源を自律的に活用する部分については，経営（management）が，リーダーシップの重要な側面となる。そして，教育や保育，福祉の成果は，企業のように売上高や会計状況のような明確な尺度で測定し得るものではない。したがって，教育のための経営学，「教育経営学」が必要になる。

　なお，以下では，幼稚園を含む学校に加えて保育所等もその射程に入れ，合わせて教育組織と呼ぶこととする。また，教師と保育士を合わせて便宜的に教師と呼ぶこととする。

（2）教育経営の対象

　教育組織の経営の対象となるタスクには次のようなものが挙げられる。

第Ⅲ部　子どもの教育のこれから

　第1に，その組織のビジョンの創出である。個々の組織の個性や特色が重視される時代において，教育組織がどのような子どもを育てることをミッションとしているのか，何に価値を置き，そのために何するのか，といった，組織が進むべき方向性についてのグランド・デザインである。

　第2に，ビジョンに基づいて，事業やカリキュラムを策定していくことである。ビジョンを実現するための，具体的な行動計画である。その基盤としての，組織編成や運営のあり方の立案も含む。これには，短期，中期，長期の計画があり，また達成目標とその達成時期を設定することが求められるようになってきた。そして達成度を評価して公表することによって説明責任（アカウンタビリティ）を果たし，新たな計画につなげることが求められている。教育組織は，従来に比べて，組織としての成果をより目に見える形で示すことが求められるようになってきているのである。また，補助金等の弾力的な運用などが広まる傾向にあり，事務や財務についても自律的な運用の余地が広がりつつある。資源の効果的な調達や利用についても，計画的な経営が求められている。

　第3に，教育組織の評価が挙げられる。評価には，自己評価，利用者評価，第三者評価などの形態がある。説明責任が重視される昨今では，学校が何らかの評価を自らに課し，その結果を公表していくことは不可避である。ここでは，大きく2点の課題を指摘しておきたい。1つは，評価が点数や格づけのためのものでなく，利用者への説明責任を果たすことと，教育組織自身の教育や経営の改善への資料となるものであるという意義を確認することである。もう1つは，評価尺度を絶対視せず，評価尺度自体の妥当性も検討しながら，評価のあり方自体を改善し続けることである。教育とその経営という営みに，成果主義が無自覚にしみこんでしまわないよう，数値化できるもの，短期的に測定できるものと，そうでない実践の諸要素をきちんと仕分けることが必要である。

　第4に，教育実践に密接に関わるものとして，教育課程―カリキュラムの経営が挙げられる。カリキュラムは，子どもたちが育つための経験が発達段

階に応じて体系化された総体である。個々の教育組織ベースの自律的な経営が求められるようになってきた昨今では，カリキュラムも，個々の教育組織のビジョンや特徴，地域社会の特質などを考慮した，School-Based-Curriculum-Development（SBCD：学校に基礎を置くカリキュラム開発）が強調される。カリキュラム開発に際しては，生徒の学力や発達の多様性について，特別な支援を必要とする生徒の状況も含めてマネジメントしていくことが必要である。

　第5に，危機管理が挙げられる。教育実践上の諸課題，保護者や地域とのトラブル，事故・災害等に対する危機管理について，対症療法でなく，組織としてどのような考え方のもとで，どのような体制で，どのような手順で危機への対応に臨むかについてのフローが策定され，共有される必要がある。ただしその際，手順に従って対応しさえすれば事足りるというマニュアル主義に陥らないようにしなければならない。

2．子どもの教育と評価

（1）「評価」への理解—新たな評価観へ

　専門家として子どもをよりよく育てるためには，その成果を確認・点検して，つまり評価をして，その根拠（エビデンス）をもとに，見出された課題を解決していく方策を考え，実践の質を高めていかなければならない。

　「評価」という語からは「点付け」をイメージしがちであるが，evaluationという英語から考えると，評価とはvalueを定める営為，つまり，価値を確かめることである。よりよい価値に向かうために，現時点での価値を正確に捉え，改善に向けての指標とするのである。したがって，教育における評価は，実践の振り返りという性質を伴っているといえる。

（2）子どもに対する評価

　子どもの評価は，その物差しのあり方によって，相対評価と絶対評価とに

分けられる。相対評価は，集団内での位置を示すものである。「○人中○位」といった評価がその一例で，偏差値も相対評価の1つである。一方，集団内の位置にかかわらず，到達目標に準拠する評価を絶対評価という。「この子どもがこの物差しのどこまで育っているか」という評価である。生きていくための力の基礎を培う必要がより大きな，年齢が低い子どもほど絶対評価が重要になる。また，明確化した多様な観点から，子どもの育ちを記述的に評価することで，結果の点付けでなく，子どもの育ちの過程を形成的に評価することができる。

　こうした，子どもの育ちの評価を1つの振り返りの材料として，教師や教育組織がその教育実践を振り返り，一人ひとりの子どもの育ちを保障していくことが必要である。

（3）教育活動に対する評価

　教育活動の振り返りをできるだけ適切なもの，つまり客観性の高いものにするためには段階的に考える必要がある。以下，主観から出発して客観性を高めるという順序に従って，教師一人ひとりの自己評価，教育組織における組織的な自己評価，他者による評価，について考えてみよう。

1）教師一人ひとりの自己評価

　まず，教育を直接実践している教師自身の一人ひとりが自己の教育を評価することが出発点である。教育の記録をもとに，省察した内容を順次書き出していくという方法や，チェックリスト等を用いて省察を進めていく方法がある。前者では，教師自身が注意を払っているポイントに振り返りの内容が偏りやすく経験年数等によってその内容に差が出る。一方で振り返りが主体的なものとなるよう導くことができるし，チェックリストにない事柄も振り返ることができる。後者では，網羅的に振り返りができるので，教育実践の全体構造から自身の実践を，自分では気づかなかったポイントも含めて評価できる。

　これらはいずれにせよ，自分自身で評価しているので，基準は自分であ

り，きわめて主観的な評価である。しかし，まずは自らの保育実践について，具体的な材料としての記録を参照しながら，振り返りに主体的に取り組むという点で大きな意義をもつ。

2）教育組織における組織的な自己評価

次の段階は，組織としての自己評価を，校（園）内研修などに位置づけて意識的に進めていくことである。一人ひとりの自己評価を共有し合う方法や，最初からその組織の教育について意見等を出し合う方法などが考えられる。前者は，自分のこととして取り組みやすいし，後者は，自分が勤めている組織を客観的に見直すという利点がある。これらを組み合わせるとよいだろう。

重要なのは，教師一人ひとりが教育実践を通じて得た経験知を，できるだけ率直に出し合ってやり取りをする中で，一人ひとりの経験知が進化し，それらを共有することで組織として高まっていく，つまり学習を通じて進化する組織となることである。

こうした作業に慣れて，率直に考えを交し合う風土が醸成されれば，お互いのよさだけでなく課題についても検討し合い，さらに質の高い同僚性に向かうことができる。「同僚性」とは，単なる仲間意識や協調性とは異なり，専門家として，お互い率直に問いかけ合い，（非難でなく）批評し合いながら，相互に高まっていくことに価値を見出す組織文化であることを確認しておきたい。

3）他者による評価

評価の客観性をさらに高めるためには，教師自身，教育組織自身といった自己評価だけでなく，他者のものさしに照らすことが必要である。ここでは，教育を受ける当事者による評価と第三者の評価を挙げておこう。

まず，当事者である子どもと保護者の思いを汲み取ることが大切である。保護者には，アンケートや個人面談などを通じて，教育組織の教育への意見を出してもらうことができる。折々に個別に子どもの育ちを伝えたり，保護者が集まる際にビデオで子どもの活動を伝えたり，また教師の努力について

もきちんと伝えて理解を深めてもらうことが，より適切な評価を得るために必要である。子どもに教育を評価してもらうことはイメージしにくいかもしれないが，学校や園での生活は楽しいか，どの活動が楽しかったか，どの活動がつまらなかったか，何を頑張ったか，先生は好きか，といった質問を，発達段階に合わせて可能な範囲で収集していくことができる。

　また利用者というステイクホルダーだけでなく，中立な第三者の評価を受けることで，さらに客観性の高いものさしで教育組織の保育を振り返って，よりよくするための課題を発見できる。第三者の的確な評価を導くためには，適切な材料が必要であり，そのために，記録の積み重ねが大事である。

3．PDCA サイクルと子どもの教育マネジメントのこれから

（1）PDCA サイクル

　教育におけるマネジメントには，学校組織のマネジメントと，教育課程のマネジメント—カリキュラム・マネジメントなどがある。マネジメントの過程にはデザインが必要であり，そのあり方として，PDCA サイクルを取り上げる。

　マネジメントの過程は，P-D-S（Plan-Do-See ＝計画 - 実践 - 評価）または，P-D-C-A（Plan-Do-Check-Action ＝計画 - 実践 - 評価 - 改善）というサイクルで示すことができる。近年では，評価と改善を明確に意識した後者が主流となってきている。このサイクルは，実践をある枠に押し込めるためのものではなく，むしろ実践者が日々暗黙に行っていることを自覚化し，組織として共有するための概念的な道具である。

　PDCA サイクルは，目標と状況に基づいて計画が策定され，その計画に基づいて現実的な調整のもとで実践がなされ，その結果を目標に照らして評価し，さらに評価の結果を受けて改善に取り組むというサイクルである。ここで重要なのは，このサイクルが一周で完結しているものではないということである。

基本的に，このサイクルは絶えることなく繰り返され，らせん状に上昇していく，つまり組織におけるマネジメントの水準が，サイクルの循環とともに向上していくものと考えたい。実際には上昇というより状況に応じて変化していく性質のものかもしれないが，質の向上を意識するための理解の仕方である。

（2）PDCA の基盤としての目標管理

PDCA サイクルには，揺るがないバックボーン（背骨）が必要である。何を目指して教育しているのかという根本的な問いがなおざりにされると，このサイクルは迷走してしまう。

この背骨が，教育組織の教育の理念や目標である。つまり，教育組織のマネジメントやカリキュラムのデザインにおいて，教育組織の目標管理が不可欠となる。どのような厳しい議論も，目標が共有されていれば感情的な軋轢が生じにくい。目指すところは同じなので，方法は異なっていても，気持ちが共有されているからである。目標管理によって，一人ひとりの教師の実践の方向性，組織としての教育やその経営の方向性，保護者や地域との相互理解による連携の方向性が，1 つの方向に収斂しやすくなるのである。

その際，究極には，いうまでもないが，「子どもの最善の利益の尊重」や「子どもの発達の最大限の保障」が位置づけられることが必要である。

（3）学習する組織へ

教育の組織をよりよく機能させるために，また，組織の個性や特色，価値の創造が求められる中，組織の自律的な学習という側面にも注目したい。

教育経営のさまざまな局面における「振り返り」は，PDCA サイクルで示されるように，教育改善のための学習の重要な要素である。しかし普通私たちが振り返る，反省するという際には，個人の内で行為を見直すことにとどまりがちである。「ああすればよかった，こうすればよかった」といったことである。しかし，教育組織としてより向上するためには，個々人の振り

返りを組織の学習につなげる必要がある。実践によって蓄積され，実践への専門的洞察を導く個々人の経験知を，組織として取り込んで共有し，組織の重要な資源としなければならない。教職員が個々人として得ている有用な知識や資源，効果的な工夫などの多くは，組織の知として十分に取り込まれているとはいえない。これらを取り込んで組織の学習をより発展させるための経営は「知識経営」（ナレッジ・マネジメント）と呼ばれ，近年注目されている。そのための具体的な手法としてのブレーン・ストーミングやKJ法を効果的に用いたワークショップ方式の研修なども見直されつつある。

　環境の変化が激しく，個々の教育組織の経営に自律性と特色と創造性が求められるようになってきた現在，学び，進化する組織へと教育組織を方向づける知識経営はますます重要な方法となっていくと思われる。

■参考文献
・Bowles,S., Gintis,H. ／宇沢弘文訳：アメリカ資本主義と学校教育〈1〉・〈2〉，岩波書店，1986・1987
・Bernstein,B. ／萩原元昭編訳：教育伝達の社会学，明治図書，1985
・Bourdieu,P., Passeron,J.C. ／宮島喬訳：再生産，藤原書店，1991
・Foucault,M. ／田村俶訳：監獄の誕生，新潮社，1977
・Illich,I. ／東洋，小澤周三訳：脱学校の社会，東京創元社，1977
・曽余田浩史，岡東壽隆編著：新・ティーチング・プロフェッション，明治図書，2006
・Drucker,P.F.：非営利組織の経営，ダイヤモンド社，1991
・窪田眞二監修，学校教育課題研究会編著：教育課題便覧，学陽書房，2010

推薦図書

岡東壽隆監修：教育経営学の視点から教師・組織・地域・実践を考える―子どものための教育の創造―，北大路書房，2009 年
　子どものための教育に向けて，教育経営学の視点から，教師，組織，地域社会，教育実践に関わるさまざまなテーマについて検討しています。教育実習生の育成，保育者のキャリア開発，教員評価による教師の力量形成，スクールリーダーの養成，学校経営の諸理論とその展開，生涯学習社会における地域教育経営や成人の学習，特色ある開かれた学校づくりと学校評価，キャリア教育，協働文化の学校，カリキュラム経営，海外の事例から見た魅力的な学校づくりなど，本章に直接的・間接的に関わる具体的なトピックについて，近年の研究に基づく知見から，現職教師や学生にもわかりやすく論じられています。

松尾知明著：未来を拓く資質・能力と新しい教育課程―求められる学びのカリキュラム・マネジメント―，学事出版，2016 年
　この本では，これからの時代に向けた教育における学びのイノベーションを進めるためのカリキュラム・マネジメントに関わる，学びや教育方法のキー概念をわかりやすく整理しています。子どもがこれからの社会を生きていくために必要な力としての「資質・能力」について解説し，新たな教育課程のあり方や「アクティブ・ラーニング」という新たな学びのあり方が示されています。こうした新たな学びを，学校全体の，あるいは各授業における「カリキュラム・マネジメント」を通じていかに実現していくかについて提案をしています。さらに，資質・能力をどう評価するか，またこれからの時代に求められる教師の資質・能力についても言及されていて，カリキュラム・マネジメントの議論に留まらない，これからの時代の教育のあり方を考えるためのガイドになっています。

第Ⅲ部　子どもの教育のこれから

第12章
子どもと教育専門職

1．人は人から学ぶ

（1）教育専門職の重要性

　教育の鍵は教師こそが握っている。そういっても過言ではないであろう。よい教育を実施するために，カリキュラム改造が盛んになされ，教育方法が検討され，教材が開発される。これらもむろん大切ではあるが，その実施は教室という現場での教師と子どもの相互作用に基づきなされる。

　学力世界一といわれるフィンランドの教師は全て，大学院修士号を取得している。フィンランドでは，教師があこがれの職業の1つであり，優秀な人材が教師となるといわれている。

　ビデオに登場している同じ人が，実際に子どもの前に登場し，ビデオと同じ教材を使い，ビデオと同じせりふを話して子どもを教育した場合，ビデオを見て学ぶよりも，実物の人から学ぶ方が子どもの学習成果が高い，という研究結果もある。苦手な教師の担当科目が，嫌いになり，だんだん成績が悪くなくなってしまった，という記憶がある人もいるのではないだろうか。教師の能力と教師の人格とが子どもの学びに多大に影響を与えるのである。

（2）教育専門職の「教える」仕事の特徴

　教師が，子どもの前に立ち，行っている仕事は，複雑で多様である。教師が直接関わるそれぞれの子どもは，生身の存在であり，社会文化的文脈がそ

れぞれ違い，個々の子どもに感情の起伏がある。よって，教師の「教える」仕事は，予め準備しておいたとおりに，テキストを読んだり，決められたことを板書したり，順序通り実習や実験をさせる，そういった仕事だけではない。むしろ予め用意しておいたとおりに授業や実践が進められる方が稀である。教室での教師は，子どもとの相互作用の中で，その都度判断し，決断する場面に多々遭遇する。教育実践には，ライブ性がある。複雑であり，不確定要素があり，相互作用の中にあるからこそ，多くの驚きや発見があり，難しさの中に楽しさがある。

　教師の「教える」仕事は，時系列的な広がりのあるものでもある。一人ひとりが違う子どもに対して，教師は，それぞれの子どもの過去を踏まえ，現在をみとり，未来を見通す。一般的な子どもの発達と学びの特徴に関する知識を基軸とし，どの時期に，どのようなことを，どのように学ぶのが適しているのかを，教師はまず考え教育の計画を立てる。ここでは同時に，過去，すなわち「これまで」に子どもが身につけてきた知識や技術，体験してきたことをもとに，これと離れすぎないように配慮したい。現在の子どもの知的状況と全てが重なってしまわないようにしつつも，「今」の発達の最先端に作用するような，学びを構想する。そして，「今」まさに知ろうとしている知識や技術が，どのような「後」の場面に活用され，どういった「後」の学びにつながるのかといった，時系列的な視点をもって「教える」のである。

　教師の「教える」仕事は，子どもが知識を知り，技術を身につけ，思いや意欲，探究心，達成感をもち，知識と技術を活用できるようにすることを目指している。その意味で，教師は，子どもが「何」を知ったか，「何」ができるようになったか，という結果の部分ではなく，活用・応用できるように，「いかに」知り・「いかに」身につけたかを見抜く視点をもたねばならない。

154　第Ⅲ部　子どもの教育のこれから

２．人は人と学ぶ—教育の中の相互作用

（1）教育の場としての教室—相互作用の宝庫

　教育が実施される教室は，相互作用の宝庫である。教師は，同時に多数の子どもと関わる。教室で教師の目の前にいる子どもたちは，それぞれの間にも相互作用がある。個としての人も，機械ではなく，その行動や感情の起伏は予測できる部分とできない部分とがある。ましてや，複数の子どもたちがともに学ぶ教室では，子ども同士が影響を与え合いながら，その時々に変化したり成長したりしている。子ども同士の相互作用は，偶発性と偶発性が相互にぶつかり合うようなものであり，さらにその偶発的出来事が個々の子どもにさらに影響を与え合う。先にも述べたが，それゆえに，教室で教師は，その場その場で自ら考え判断する場面に何度も遭遇する。

　このとき，教師のもつ知識や技術とその活用力のバラエティーの豊かさと，それらの選択肢を状況とともに構造的に理解していることとが，教師の思考と判断に多大な影響を与える。相互作用の宝庫で，複雑性に満ちた関係性の中で営まれる「教える」という教育の実践力は，大変高度で専門的なものであるといえる。

（2）実践力の向上—相互作用の中で

　教師は「教える」という教育実践力をいかに向上させていくことができるのであろうか。教師が「教える」にあたって，自らがわかっている，知っている，できることが，もちろん1つの大きな前提にはなる。しかし，わかっていて，知っていて，自らができるとしても，それを「教える」には，さらなる力量が必要となる。「教える」力は，教え方を机上で勉強することと，それを実際に実践してみて，その実践を省察して，考え，課題を見つけ，改善し，また実践することによって，培われていくものである。つまり，教師の実践力は，本等机上で習うものを大切にしつつ，教室という実践の場での

子どもとの相互作用によって，培われていくものである。

　教育実習や各種教師の研修において，模擬授業・実践や批評実践，査定実践，研究授業など多様な名称で，研究実践が行われている。実践の公開とその後の省察，議論，指導，学び合いは，実践力を向上させるために不可欠である。

　ある同じ実践ビデオを見て，そのよい点・課題を抽出するという研修を行ったことがある。すると，よい点・課題を見つけることができる力量には大きく差があることがわかった。また，他の研修で，同じ子どものビデオを見た後に，子どもが何を学んでいるか抽出してみた。すると，これもまた，教師によって，たくさん挙げることができる人と見つけることができない人との差が大きいことがわかった。

　同じビデオをみても，視点があるかどうか，この違いによって，よい点や課題，意味を抽出することができたりできなかったりするのである。このよい点や課題を見つける力や，子どもの学びをみとる力，つまり，評価する力は，経験のみで培われるものではない。例えば，あるキャリア30年の教師の自己評価がオールＡであった，という相談を管理職の人から受けたことがある。

　教員養成機関において，現場に出る前に，実習等を通じて，実践しながら学び探究する機会をもつこと，さらに現職教員になった後も，自分の課題を見つける力を培い続けること，これが教師の実践力の向上につながっていくと考える。つまり，教師は，教えることから，学び，考えることにより，力量の向上を図るのである。

（3）実践力の向上─教えることから学ぶ

　教師は，どのようにしたら，よりよく，教えることから学ぶことができるのであろうか。実践力を向上させるすべを身につけるためには，どのような条件が必要であろうか。加えて，そのためにはどのような研修が実際に必要なのであろうか。

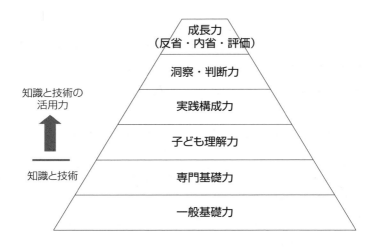

図 12 − 1　教師に必要な力

(出典　北野幸子，角尾和子，荒木紫乃編著：遊び・生活・学びを培う教育保育の方法と技術，北大路書房，2009，p.3)

　筆者は，特に 0 〜 8 歳の子どもの教育にあたる教師には，大きく分類して 6 つの力が必要であると考えている（図 12 − 1）。このうち，子どもを理解する力（子ども理解力），実践をつくる力（実践構成力），ライブで実践中に子どもをめぐる実態を把握し，実践に関する各種判断をする力（洞察・判断力）は，活字からのみでは，学ぶことができるものではない（もちろん活字から学ぶ部分もあり大切ではある）。省察的に実践を積み重ねていくことも同時に求められるのである。つまり，教師は，実践の記録や実際の実践を見て，また自らが具体的に子どもとふれ合うことで，課題を抽出して自分の教育意図をもち，実践・指導計画を立て，実施するという体験を通じて，実践力を培っていくものである。

　繰り返しになるが，実践力の向上は，単に実践を積み重ねるだけでは得られない。全くの客観性を確保することは困難ではあるが，客観性と主観性の比重を変えながら，事実と解釈が仮に完全に分けて捉えることができないとしても，できるだけ分けてみよう，と心がけながら，自分の実践を振り返る

ことが望まれる。事実は，共通理解を図ることによって議論の足場をつくることができる。解釈は，その差異や根拠を伝え合うことによって，実践を振り返り，客観的に自分の行為を捉え評価しようとする姿勢は，現場に出る前からあるいは，出てからも培っていきたい，実践力の向上に不可欠な力であると考える。

（4）教育現場でのアクション・リサーチのすすめ

　個々の教師の振り返りや研鑽を超えて，教師が共同で，現場の課題について，当事者が参画して行う研究は，一種のアクション・リサーチである。

　アクション・リサーチとは，レヴィン（Lewin, K.：1890-1947）が提唱した研究方法で，問題解決のための行為と不可分な探索活動・研究活動のことであり，当事者の参画による，社会的問題解決のための実践的研究をさす。教育においては，教師が同僚や教育研究者と共同で，日々の「教える」行為を探究的にかつ省察的に行うことにより，実践とその力の改善を図ることにつながる研究であるといえる。アクション・リサーチは，実践における知を一般化することを意図とするのではなく，教育問題の解決を目指し，教師の力量の向上を図る手法として，多くの教育現場で実施されている。その他，学校独自のカリキュラムづくりや，学校改革，授業改善，学級経営等にも活用されている。

　教育現場におけるアクション・リサーチでは，まず，集団のかかえている課題，つまり教育問題やクラスの課題といったものを顕在化し，共有し，そして，その課題と関連するデータを収集する。データ収集は，インタビューやポートフォリオ，日記，フィールドノート，ビデオ，写真，チェックリスト，自己評価，その他多様な方法が考えられる。データは課題のテーマに応じて，抽出され解析される。統計的解析可能なデータのみならず，質的なデータも，多様な子どもの状況やそれへの対応の具体例，その背景にある考え方を知ることにつながるので有用である。データ収集と解析結果を根拠として，教育上の工夫を実際に行ってみる。何を予測して，何のために，何を

158　第Ⅲ部　子どもの教育のこれから

する，という根拠に基づく，教育実践における行為の変化，つまり，教育の改善は，その評価が行いやすい。考えながら，教え，教えながら，探求し，学ぶことは，何よりも教える方法を身につけていくことにつながる。評価を行うことで，評価に基づき，新たな次の課題が提起される。ここから，実践力の向上への次なるステップへとつなげることができる。アクション・リサーチは，実践者が共同で，実践力の向上を図るためのサイクルの1つといえる。

3．社会にいきる教育専門職

（1）子ども・保護者・教師それぞれが主体的に参画する教育へ

　学校は社会の中にある教育の機関である。子どもにとって学校が居心地のよい，自分の居場所であると感じられることが，教育的な効果にもつながる。家庭，学校，地域が，大人側の都合によって大きく分断された場となることがないように，教師には，狭い職場の世界に閉じこもることなく，地域や家庭といった社会と接点をもつことが望まれる。

　全米PTAの調査等，多くの研究によって，家庭と園・学校が連携することによるよい効果が明らかにされている。例えば，子どもの社会・経済的背景，人種，親の学歴にかかわらず，家庭と園・学校が連携し両者に良好な関係が構築されると，子どもの成績が上がり，子どもの肯定的態度・意欲が形成され，子どもと家庭の規範意識が高まり，さらには教師の態度も肯定的に変わる。

　家庭と園・学校の連携を図るためには，コミュニケーションを密にすることに加えて，その形態も，一方的な依頼や情報提供ではなく，日常的に，双方向的に意義深いコミュニケーションを図ることが望まれる。家庭や地域が子どもの教育の主体であることを認識できるように，学校が依頼や指導をするのみならず，各種判断を保護者や地域の参画で行い，子どもを取り巻く大人が，子どもの教育に関する責任をともに担う機会を設けることも有効であ

るとされている。

　子どもの居場所づくりの必要性が指摘されて久しいが，子どもが，居心地がよいと感じられかつ，ここが自分の居場所であると強く思うことができる，そういった場は，繰り返しになるが，学校と保護者と地域との連携に基づきつくりだすことができる。

（2）教育専門職の重要性をいかに社会に伝えるか

　メディアをにぎわすほどに，教育専門職の現場では，学級崩壊，いじめ，学力低下，モンスターペアレンツ等，多くの課題がある。しかし，一方で教育専門職は，多くの充実感，喜びを得ることができる仕事でもある。次世代育成という営みは尊く，自ら誇れる仕事である。子どもとともに過ごし，子どもと喜怒哀楽をともにし，子どもの心と体の育ちをともに喜び，子どもの探究や発見をともに経験し，ともに知への信頼をはぐくむ。教育の場で子どもから得た喜びは，他に代替しがたく，その意味で，教師が，教育専門職の仕事の重要性を声に出して強調したり，自分の仕事の意義をアピールしたり，見返りを求めることは少ない。退職した多くの教師が，地域の教育支援ボランティアとして活躍している。ボランティアの活動を尊敬するとともに，ボランティアをしたいと思うほどのやりがいや生きがいが，教育という営みにあることを知っておきたい。

　危惧されるのは，教育への愛情に満ちた，ボランタリズムのある，教育専門職の特徴に甘んじ，過剰な負担を教師に課し，教育への公的投資の縮小がなされることである。そもそも，多くの教師は，勤勉で研究熱心である。土日，手弁当で研究会に参加し，手当のない超過勤務を行い，仕事を家庭にもち帰る教師も多い。子どものため努力する，心ある熱心な教師が健康を損ない，疲弊することは，社会的損失である。昨今，若い教師の離職をはじめ，教師の中途離職が問題となっている。病気による離職も増加している。「やりがい」と「過剰な負担」を天秤にかけてはいけない。社会における，教育の価値に対する理解を拡大し，教育分野への社会経済的投資を拡大する必要

160 第Ⅲ部 子どもの教育のこれから

がある。

「教育現場への投資の拡大」に，理念で同意する人が多数いるにもかかわらず，その実現は，難しい。「べき」をやみくもに唱えても，実際の変化は起こりにくい。それならば，教育専門職の重要性をいかに社会に伝えることができるのであろうか。

1つの鍵は，地域社会に，教育現場で起こっている日々のことをより発信することにあると考える。つまり，より身近な場所で，教育の重要性を実感できる経験の積み重ねを，教師以外の人々に提供していくことである。そのためには教育関係者の内輪だけで通用する言語をより広く通じる言葉に置き換えて広く社会に提示することが必要であるし，教育現場で自明となっている実践をその意図や意義を含めて園や学校現場以外の地域の人々がわかるように，説明することが必要であると考える。また，教師が省察的に実践を振り返り，学習を継続しながら，経験を5年，10年と積み重ねることにより，どのように質の高い実践が可能となったのか，このことを明らかにし発信していくことも必要であろう。こういった一つひとつの積み重ねを地道に進めていくことにより，社会に教育専門職の重要性を少しずつ伝えていくことが可能となる。

（3）教職のさらなる専門職化を目指して

1人でも多くのよい教師が養成され，全ての教室に配置されるように。1人でも多くの教師が実践を省察し研修する時間と機会が保障され，その専門性の向上が支援され，よりよい教育実践が実施されるように。教師の重要性が世界的に認識され，教職のさらなる専門職化が進められつつある。その鍵は養成教育と実践研究の改善にあると考える。

アメリカのオバマ前大統領の教育秘書官を務めていた，リンダ・ダーリング－ハモンドは，教育の効果は教師の能力に多大な影響を受けること，その教師の受けた養成教育が，後の教育実践の質に大きな影響を与えること，を指摘している。質の高い養成教育を前提に，さらに，教師が教壇に立った後，

教えながら学び続けることが重要である。教師がその実践を省察的に積み重ね，多様な視点から分析し，語る力をもつこと，また，実践を広く社会に正確ではなくとも少しでも伝えたいという気持ちをもって，社会に通じる言葉で発信していくことにより，教職のさらなる専門職化がもたらされうる。教師が地域社会の中で，実践の発展を同僚，研究者，そして地域の人々との相互作用の中で，模索しながらその力量の向上を図ることが推奨される。内輪だけで通じる言葉を内側だけに発するのではなく，より社会に伝わる表現力をもって，外側に広げ発信していくこと。このことによる教職のさらなる専門職化が今後ますます望まれる。

■参 考 文 献

・リンダ・ダーリング−ハモンド，ジョアン・バラッツ−スノーデン編／秋田喜代美，藤田慶子訳：よい教師をすべての教室へ—専門職としての教師に必須の知識とその習得，新曜社，2009
・北野幸子：「保育の方法と技術とは何か—保育者の専門性とその向上を図るために—」，北野幸子，角尾和子，荒木紫乃編著：遊び・生活・学びを培う教育保育の方法と技術，北大路書房，2009

推薦図書

無藤隆：現場と学問のふれあうところ，新曜社，2007年
　我が国の教育・保育の実践研究の第一人者である著者の，30年にわたる現場と学問を結ぶための試みを著した本です。理論・実践問題の複雑性や困難さに目を背けることなく，しかし，教育の発展のため，両者が同じテーブルに着き議論するために不可欠な共通の「ことば」を探し求める方法が，多くの具体的研究とともに，示唆されています。本著は，教師が自らの力量の向上ために，いかに構造的に考え，いかに実践をより他者にも通じる言説で語り，いかに研究者と協同することができるのか，を考えさせる本です。不確定要素に満ちた教育現場で原理原則を導く研究の難しさを前提とし，実践のもつ危うさに自覚的でありながら，しかし，私たちがいかに真摯に教育界の発展に寄与できるのか，不断の思いを誘うメッセージ性あふれる本です。

リンダ・ダーリング－ハモンド，ジョアン・バラッツ－スノーデン編／秋田喜代美，藤田慶子訳：よい教師をすべての教室へ──専門職としての教師に必須の知識とその習得，新曜社，2009年
　著者は，アメリカのオバマ前大統領の教育秘書官を務めていた研究者で，教員養成制度改革の担い手の1人です。本書には，教師が専門職であること，よって，独自な高度の養成教育を，子どもの前に立つ条件とすべき，という強い信念が感じられます。養成教育のより厳格な基準を整備することこそが，子どもの教育格差の是正，権利保障につながると指摘されています。本書では，教師が知っておかねばならないことは何か，実際に知っておかねばならないことをどのようにして学べるのか，学び方を踏まえた，質の高い教員養成とはどうあるべきなのか，その養成教育制度を整備するための政策への提言が記されています。教師を目指す人にぜひ読んでほしい1冊です。

さくいん

あ行

アウグスティヌス ……… 78
アクション・リサーチ
　………………………… 157
アテネ ……………… 76, 92
アリストテレス ………… 77
イエナ・プラン ………… 71
生きる力 ………………… 10
育児休業，介護休業等育児
　又は家族介護を行う労働
　者の福祉に関する法律
　………………………… 29
石田梅岩 ……………… 111
一斉教授 ……………… 97, 116
イデア …………………… 77
イリイチ ……………… 142
ヴィゴツキー …………… 88
ウィネトカ・プラン …… 70
ウィルダースピン ……… 97
ウォッシュバーン ……… 70
エマージェント・カリキュ
　ラム …………………… 66
エラスムス ……………… 79
エリクソン ……………… 12
演繹推論 ……………… 128
エンゼルプラン ………… 26
オーエン ………………… 83
オキュペイション ……… 86
恩物 ……………………… 83

か

開発主義教授法 ……… 116
貝原益軒 ……………… 111
科学絵本 ……………… 136
核家族 …………………… 26
学制 …………………… 113
学令 …………………… 110
仮説検証 ……………… 129
学級 ……………………… 97
学区 …………………… 113
学校教育法 ……………… 39
家庭教育 ………………… 21
金沢文庫 ……………… 111
カリキュラム …………… 63
カリキュラム開発 ……… 72
完成診断テスト ………… 71
完全学校週5日制 ……… 16

き

ギゾー法 ………………… 99
基本的信頼感 …………… 11
キャズウェル …………… 72
ギャラリー方式 ………… 97
キャリアパス …………… 47
キャンベル ……………… 72
教育課程 ………………… 63
教育基本法 …25, 38, 55, 122
教育行政 ………………… 43
教育経営 ……………… 143
教育公務員特例法 ……… 46
教育勅語 ……………… 115
教育的意図 ……………… 3
教員免許更新制 ………… 47
教科カリキュラム ……… 65
教学聖旨 ……………… 114
キルパトリック … 66, 118
ギンタス ……………… 142

く〜こ

空海 …………………… 110
ケイ ……………………… 85
経験カリキュラム ……… 66
ケルシェンシュタイナー
　………………………… 87
顕在的カリキュラム …… 68
コア・カリキュラム
　…………………… 67, 123
公民館活動 ……………… 51
国学 …………………… 110
子ども・子育て応援プラン
　………………………… 28
子ども・子育て支援新制
　度 ………………… 29, 41
個別保育サービス ……… 28
コメニウス ……………… 79
コモン・エッセンシャルズ
　………………………… 70
コモンスクール ………… 99
コンドルセ ……………… 98

さ

最近接発達領域 ……… 89
再生産論 ……………… 142
最澄 …………………… 110
沢柳政太郎 …………… 117
産婆術 ………………… 77

し

シークエンス ………… 72
ジェファーソン ……… 99
ジェルピ ……………… 58
司教座聖堂学校 ……… 93
事業所内保育所 ……… 27
自己肯定感 …………… 19
自己主導的学習能力 … 60
シティズンシップ教育…36
児童中心主義カリキュラム
…………………………… 66
児童の権利に関する条約
……………………………… 24
児童福祉法 …………… 7
児童文化センター …… 57
師範学校令 …………… 114
市民性 ………………… 36
社会教育 ……………… 50
社会教育法 …………… 56
ジャクソン …………… 68
自由画教育運動 ……… 119
修辞学校 ……………… 93
集団保育サービス …… 27
修道院学校 …………… 93
授業崩壊 ……………… 11
綜芸種智院 …………… 110
準定型教育 …………… 50

小1プロブレム ……… 15, 45
生涯学習 ……………… 52
生涯学習の振興のための施
　策の推進体制等の整備に
　関する法律 ………… 57
生涯教育 ……………… 52
小学校令 ……………… 114
少子化社会対策基本法…28
少子化社会対策大綱 … 28
少子化対策プラスワン…28
聖徳太子 ……………… 110
少年教育施設 ………… 57
少年自然の家 ………… 57
昌平坂学問所 ………… 111
職業教育 ……………… 52
新エンゼルプラン …… 28
心性開発 ……………… 116

す

スコープ ……………… 72
健やか親子21 ………… 28
鈴木三重吉 …………… 118
スパルタ ……………… 76
スマイルズ …………… 113
スラウ ………………… 96

せ・そ

性格形成新学院 ……… 83
成城小学校 …………… 117
青少年教育 …………… 51
青少年野外活動センター
……………………………… 57
成人教育 ……………… 51
青年教育施設 ………… 57
青年の家 ……………… 57

潜在的カリキュラム … 68
総合的な学習の時間 … 37
相互作用 ……………… 154
相互性 ………………… 11
創造的集団的活動 …… 71
ソクラテス …………… 77

た行

体育レクリエーション…52
大学寮 ………………… 110
タイラー ……………… 73
田中不二麿 …………… 114
段階的教授法 ………… 84
地域子育て支援事業 … 29
中学校令 ……………… 114
直観教授 ……………… 82
帝国大学令 …………… 114
手習所 ………………… 112
デューイ …………… 66, 85
寺子屋 ………………… 112
道元 …………………… 111
統合カリキュラム …… 66
同僚性 ………………… 147
図書館法 ……………… 57
徒弟制度 ……………… 94
ドルトン・プラン …… 69

な行

中江藤樹 ……………… 111
ナレッジ・マネジメント
……………………………… 150
21世紀福祉ビジョン … 26
ニワトリ症候群 ……… 17
認定こども園 ………… 43
ノンレム睡眠期 ……… 17

さくいん　*165*

は〜ふ

パーカー ………………… 85
パーカースト ……………… 69
パーソンズ ………………… 22
バーンスティン …………… 142
ハウスクネヒト …………… 116
白紙説 ……………………… 81
博物館法 …………………… 57
発生的認識論 ……………… 87
発達知 ……………………… 4
母親学校 …………………… 80
藩校 ……………………… 112
ピアジェ …………………… 87
樋口勘次郎 ………………… 117
非定型教育 ………………… 50
評価 ……………………… 145
ファミリー・サポート・セ
　ンター …………………… 28
ファル法 …………………… 99
フーコー …………………… 142
フェリ法 …………………… 99
福澤諭吉 …………………… 113
婦人会館 …………………… 57
婦人教育 …………………… 51
フラット化 ………………… 15
プラトン …………………… 77
ブルーナー ………………… 89
ブルーム …………………… 73
ブルデュー ………………… 142
フレーベル ………………… 83
プロジェクト・メソッド
　………………………… 66, 118
文法学校 …………………… 93

へ・ほ

ペーターゼン ……………… 71
ペスタロッチー …………… 82
ベル ……………………… 97
ヘルバルト ………… 84, 116
保育所保育指針 ……… 41, 44
放課後子どもプラン …… 31
ボウルズ ………………… 142
ホール …………………… 85
保健室症候群 ……………… 11
母国語学校 ………………… 80
ボンドック ………………… 96

ま行

メディアリテラシー …… 19
元田永孚 ………………… 114
モニトリアル・システム
　………………………… 97
森有礼 …………………… 114
モリソン・プラン ……… 69
モンテッソーリ ………… 86
文部科学省 ……………… 43

や行

山本鼎 …………………… 119
ユースホステル ………… 57
有能感 …………………… 19
ゆとり教育 ……………… 16
幼稚園教育要領
　………………… 40, 41, 44
幼保一体化 ……………… 43
幼保連携型認定こども園教
　育・保育要領 …… 41, 44

吉田松陰 ………………… 112

ら行・わ行

ライン …………………… 84
ラテン語学校 …………… 80
ランカスター …………… 97
ラングラン ……………… 53
リカレント教育 ………… 58
リベラルアーツ ………… 93
リュケイオン …………… 77
ルソー …………………… 81
レイヴ …………………… 34
レヴィン ………………… 157
レム睡眠期 ……………… 17
ロック …………………… 81
ワーク・ライフ・バランス
　…………………………29

欧文

complete and diagnostic
　test …………………… 71
crowds ………………… 68
currere ………………… 63
curricuram vite ……… 63
éducation permanente
　………………………… 53
hidden curriculum …… 68
Liberal arts …………… 93
life-long education …… 52
life-long learning ……… 52
mastery formula ……… 70
P D C A ……………… 148
P D S ………………… 148
recurrent education … 58

執筆者・執筆担当

〔編著者〕

北野　幸子（きたの　さちこ）　　神戸大学大学院人間発達環境学研究科教授　　第1章・第12章

〔著　者〕（50音順）

岡花祈一郎（おかはな　きいちろう）　琉球大学教育学部准教授　　　　　　第6章

小川　史（おがわ　ちかし）　　　横浜創英大学教授　　　　　　　　第9章

竹石　聖子（たけいし　しょうこ）　常葉大学短期大学部准教授　　　　第4章

武内　裕明（たけうち　ひろあき）　弘前大学教育学部准教授　　　　　第7章

田中　卓也（たなか　たくや）　　育英大学教育学部教授　　　　　　第3章

松浦　浩樹（まつうら　ひろき）　和泉短期大学教授　　　　　　　　第2章

松浦　真理（まつうら　まり）　　京都華頂大学現代家政学部教授　　第8章

椋木　香子（むくぎ　きょうこ）　宮崎大学教育学部教授　　　　　　第5章

矢藤誠慈郎（やとうせいじろう）　和洋女子大学人文学部教授　　　　第11章

山口　悦司（やまぐち　えつじ）　神戸大学大学院人間発達環境学研究科教授　　第10章

シードブック
改訂 子どもの教育原理

2011年（平成23年）4月1日	初 版 発 行〜第 4 刷
2018年（平成30年）9月20日	改訂版発行
2023年（令和 5 年）7 月31日	改訂版第 3 刷発行

編 著 者	北 野 幸 子	
発 行 者	筑 紫 和 男	
発 行 所	株式会社 **建 帛 社** KENPAKUSHA	

〒112-0011　東京都文京区千石 4 丁目 2 番15号
TEL（03）3944-2611
FAX（03）3946-4377
https://www.kenpakusha.co.jp/

ISBN978-4-7679-5085-3　C3037　　　　文唱堂印刷／愛千製本所
© 北野幸子ほか，2011, 2018.　　　　　　　Printed in Japan
（定価はカバーに表示してあります）

本書の複製権・翻訳権・上映権・公衆送信権等は株式会社建帛社が保有します。
JCOPY〈出版者著作権管理機構　委託出版物〉
本書の無断複製は著作権法上での例外を除き禁じられています。複製される
場合は，そのつど事前に，出版者著作権管理機構（TEL 03-5244-5088,
FAX 03-5244-5089，e-mail：info@jcopy.or.jp）の許諾を得て下さい。